「ふつう」の子育てがしんどい

「子育て」を「孤育て」にしない社会へ

石田光規 編著

晃洋書房

まえがき

年越し雑感：今を生きる・今のみ生きる（子育て中に思ったこと）

年越しでございますね。今年はとにかく忙しかったです。とくに二人目の子どもが産まれた7月からは別次元の忙しさでした。

子どもは上2歳、下0歳の二つ違い。僕の小さい頃は2歳離れたきょうだいは一般的だったし、僕も「なんとなくそれがよかろう」などと思っていました。そんなわけで、2歳違いの子どもが産まれたのですが、これが想像以上の忙しさ。

上の娘はイヤイヤ期の絶頂、下の子は当然ながら、一から十まで面倒をみないと駄目。2歳違いの子どもの誕生は、「今のみ生きる」日々の始まりでした。

昔を懐かしむ余裕も、将来を展望するゆとりもなく、ただただ、今起きていることに対応していました。子どもって常に何かを「やらかす」のですね。先輩の親に改めて敬服したと同時に、ワンオペ育児はほんと無理と感じた一年でした。

僕は割り切る人間なので、「この時期研究ができないのは仕方ないや」とか思っていましたが、キャリア優先の方は焦るでしょうね。子どもの面倒を見ている内に、一日、一週間、一ヶ月とあっという間に経過していきます。「自分が社会から取り残される感じになる」という気持ちもよくわかりました。色々考えた一年でした。
来年もよろしくお願い申し上げます。もう少し外にも出られるはずです。

この文章はSNSに公開された育児にかんするコメントである。執筆したのは何を隠そうワタクシだ。たしかに、子どもが0歳、2歳のときは忙しかった。大学で役職に就いていたというのもある。あまり人のやりたがらない忙しい役職だった。

この両者を比べても「育児のほうが忙しかった」とはっきり断言できる。その証拠に、数ヶ月後の、SNSにも以下のコメントを残している。

比べるものでもないのかもしれないが、仕事と育児のストレスをあえて比較すると、前者のほうが苦労が多い、と言われるように思う。というのも後者には、ストレスを上回る幸せがあるというイメージがあるからだ。しかし、両方同時に体験した僕からすると後者のストレスが遥かに大きかった。

そう感じた理由は、子育てに付随する「ままならなさ」による。
大学の仕事は確かに忙しかった。物理的な量で言えば、かなり過酷なものであろう。しかし、一緒に仕事をしている人たちは、お願いしたことはやってくれるし、先回りして仕事を済ませてくれることもある。くわえて、仕事を終わらせた後には「褒められる」という特典もついてくる。

育児は、これと正反対だ。子どもはぼくの言うことなど聞いてもくれないし、そもそも、理解もしていない。「乳幼児」というこちらの言うことを何ひとつ聞いてくれない存在を前に、ぼくの頭は激しく混乱した。注意されたことを数秒後には繰り返す長女。そもそも言葉すら分からない長男。子どもの誕生は、ぼくにとって、これまでの人生で一番「ままならないもの」との遭遇でもあった。予測のできない毎日に当然ながらストレスはたまっていく。

そんななか、ぼくを褒めてくれる人は誰もいない。それどころか、「できて当たり前」「やって当然」と厳しい視線を投げかけられる。


我が家は共働きではない。専業主婦であった妻の方がはるかに忙しかったであろうし、ストレスも多かっただろう。ぼくの育児への関与など微々たるものだ。それでも、こんな風に感じてしまう。今、思い出しても、あの頃は忙しかったと感じる。

とはいえ、幸せではなかったのかというと決してそんなことはない。子育ては、これまで感じた幸せとはまったく別の種類の幸せを我が家に運んでくれた。人生に厚みをもたらしてくれたような気もする。子育てをしない人生とする人生をもう一度選択せよと言われれば、ぼく自身は迷わず子育てをする人生を選ぶ。

このように幸せと苦労が同居する子育てについて、何らかの形でまとめたいと考えたのが本書の出発点だ。研究書や研究論文には、子育て不安や子育てと幸福感を扱ったものは多々ある。しかし、ぼくが読みたかったのは、こういった「科学的」な研究ではなかった。子育てをしている人が「わかるわかる」と思い、また、そうした人たちの肩の荷を軽くするようなものを書きたかったのである。

そこで本書は、研究書と一般書の中間を目指すというやや変わったスタンスの書籍にした。そのさい、子育て支援の現場に立つ人にも執筆を依頼し、子育て支援の場の開設をもくろむ人たちにも資する書籍になるよう心がけた。

現象の言語化、類型化という点で、専門的な応用可能性をもちつつも、研究者以外が読んでも共感できるような書籍にする。なおかつ、実践的な知識も入れて、育児支援の現場で活動する人にも参考になる内容を目指す。本書はそんな欲張った設計になっている。

この設計をどこまで具体化できたかの判断は、読者に委ねるしかない。しかし、本書が子育ての当事者、子育て支援の現場に少しでも貢献できたならば、これほど嬉しいことはない。

目次

目　次

終章 子育てにかんして思ういくつかのこと……166

序章

「ふつうの家庭」の子育てと孤立

1 子育てをめぐる厳しい現実

(1) 幸せだったはずなのに

「子育て」という言葉からは、一般的には、幸せなイメージが抽出される。「子宝」「子はかすがい」という言葉に象徴されるように、子どもは大事なもの、夫婦の愛情を象徴するものととらえられてきた。

しかしながら近年では、子育てを「負担」ととらえ、その厳しさを指摘する言説を頻繁に目にする。少子化を打破したい政府は、子育て「負担」の軽減を目論み、さまざまな施策を実施している。厚生労働省のホームページの『今後の子育て支援のための施策の基本的方向について』では、「育児の心理的、肉体的負担」という項目が設けられている。

子どもが小学生になったとき、学童保育に預けられない状況は、「小一の壁」と言われている。インターネットの「匿名ダイアリー」には2016年2月15日に「保育園落ちた日本死ね!!!」という文章が投稿され、多くの反響を呼んだ。「どうすんだよ私活躍出来ねーじゃねーか」と記されたこの投稿や、「小一の壁」という表現からは、育児が母親の「活躍」を妨げる要素としてとらえられている実情が垣間見える。

2021年には『子育て罰』という書籍が出版され、支援の少なさから子育てすることを「罰」のように仕立て上げる政府への批判が展開された。「子育て罰」という言葉は、岸田文雄首相が「異次元の少子化対策」を謳った2023年にあらためてクローズアップされた。

「幸せ」であり「宝」であったはずの子の存在は、いつの間にか「壁」になり、親に「負担」や「罰」をもたらすものに転じてしまった。この事実を反映するかのように、日本社会で生まれる子どもの数は減り続け、2021年の出生数は81万1604人（人口動態統計・概数）である。この数値は、戦後最多を記録した1947年の267万8792人と比べると、3分の1未満に過ぎない。2022年の出生数は80万人を割り込むことが確実視されている。[※1]

⑵ 執筆陣の想い

子育てに対する不安や負担の表明は、1980年代あたりから見られるようになった。育児不安を射程にした研究を繙くと、「育児不安」という言葉は、1980年代には世の中に普及している（岩田 1997)。これまで幸せなイメージに彩られてきた育児に対して、母親が不安を表明するようになり、研究分野としても育児不安が取り上げられるようになったのだ。

1980年代は、高度経済成長を経て、サラリーマンと専業主婦の親が子どもを責任もって計画的に育てることを求められる社会が確立した時代でもあった。重すぎる責任を課された親(おもに母親)が育児への不安を表明したのも無理からぬことだ。

親・家族への高い期待は変わらぬまま、1990年代、日本社会は個人化の時代に突入する。家族・会社といった比較的強固だった中間集団の結束は揺らぎ、個々人の意思や信条が尊重されるようになった。

経済が停滞し、不足する労働力を補いたい政府の意向と、家事・育児を女性の権利の搾取と考える人たちの思惑が一致し、この時期、女性の労働力化が急速に進んだ。実際に「働いて輝く」人がどのくらいいるのかわからないにもかかわらず、労働を「活躍」「輝く」という明るい言葉と結びつけた施策は、育児を「負担」と捉えるまなざしを強化する。

子育てに「負担」があるならば、それを率直に表明できるようになり、負担が解消されるのはよいことだ。他方、子育てを「負担」と考えるあまり、それを回避するようになる社会がよいとは思わない。やはり、子どもは「宝」であってほしい。それが本書の執筆陣に通底する想いである。

(3) 孤立への注目

本書は子どもを育てている母親の孤立と支援に焦点を当てる。そのさい念頭においているのは、虐待や貧困といった行政の支援の対象となる家庭ではなく、いわゆる「ふつうの家庭」である。その理由は以下のとおりである。

子育て世帯の孤立は、何も特別な現象ではない。子どもを育てていれば、どのような家庭でもなにかのきっかけで不意に経験するのが孤立である。NHK Eテレの「すくすく子育て」という番組では、2019年4月27日に「子育て中に感じる孤独」という特集が組まれている。放送では、子どもを産んで孤独を感じる人の多さが指摘された。

孤立した子育てや子育てをする人の孤独感の強さは、当事者の心身にマイナスの影響をおよぼすだけでなく、子どもにも悪い影響を与える可能性がある。だからこそ本書では、子どもを育てている母親の孤立に焦点を当てるのである。次節では、子育てと孤独・孤立を研究するにあたっての概念枠組みを提示し、幸せなはずの子育てがなぜ孤独・孤立につながり、また、自己肯定感の低下（自己否定）を引き起こしやすいのか説明する。

なお、本書において、孤独は主観的状態、孤立は客観的状態を指すものとする。すなわち、自らのつながりの状況についての否定的評価により生じる「さびしい」といった感覚が「孤独」であり、人や機関などとのつながりが客観的に断たれた状況が孤立である。

2 子育てにおける孤立と自己否定

(1) 孤独・孤立にいたる道

まず、子育てに限定せず、孤独感が強くなったり、孤立に陥るにあたっての経過を説明しよう。**図序-1**は、孤独・孤立を分析するにあたり、必要な要素をまとめた概念図である。ここにあげた以外にもさまざまな要素が関連するが、さしあたり、本書の分析に必要な事項のみ掲げている。以下、順に解説しよう。

① きっかけとしての何らかの変化

孤独感が増したり、孤立に陥ったりするさいには、まず、きっかけとして何らかの変化を経験することが多い。この変化には身体的なものと環境的なものがある。身体的な変化の典型としては病気や体調不良などがあげられる。健康状態の悪化は、他者との出会いを遠ざけ、人を孤立に陥れるリスクを高める。

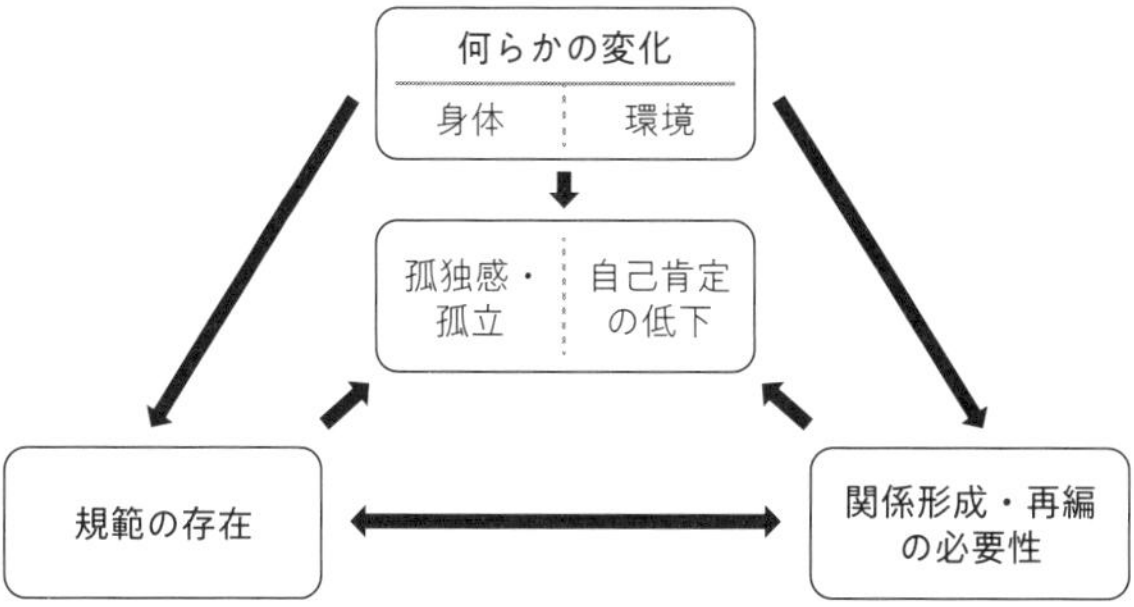

図序-1　孤独・孤立の概念図

出所）筆者作成。

環境的な変化については、出産や介護など、おおよそ多くの人が経験するものと、解雇や離婚、虐待のように限られた人のみ経験するものがある。また、環境的変化のなかには、虐待や解雇、離婚などのように、孤独感の高さや孤立と関連の強いものと、結婚のように、孤立のリスクを下げる方向に働きがちなものがある。

② 関係再編の必要性

私たち自身、あるいは私たちの身の回りに何らかの変化が起きると、私たちはそれにあわせて関係を再編する必要がある。健康状態が悪くなったならば、それにあわせてケアの関係を整えなければならないし、定年退職したのであれば、近隣に関係を再構築しなければならない。この関係の再編には、既存の関係の再構築と、新たな関係の形成とがある。

既存の関係の再構築の例として、出産による夫婦関係の見直しがあげられる。子どもが産まれると夫は父親、妻は母親という新たな役割を取得するため、おたがいのつながりのあり方を見直さなければならない。後者の例としては、出産したことにより「ママ友」を新たにつくるケースなどがあげられる。

そのさい問題になるのは、すべての人が自らの関係を首尾よく再編できるとはかぎらない、ということだ。かりに関係の再編がうまくいかないと、人びとは「自らを支えてくれる人がいない」と孤独感を抱くようになり、また、社会とのつながりを失った孤立状態に陥る。

③ 規範の存在

関係の再編を阻む方向に働きがちなのが、私たちの社会に蔓延する規範である。たとえば、リストラに遭って困窮状態に陥ったとしよう。このような事態に遭うと、私たちは、当該の困難に耐えられるように、自らの人間関係を再編しなければならない。しかしながら、関係の再編は容易ではない。というのも、私たちの社会には、自立を「良し」とする規範が存在するからだ。

現代社会は、個々人の生活を集団の互助で支えていた農村社会とは異なる。私たちの生活は、個々人の責任のもと、外で稼いだお金を消費することで維持される仕組みに転じている。このような社会で人に頼ることは「努力不足」「甘え」と見られやすい。ゆえに、自立の規範が存在する社会では関係の再編は容易ではない。結果として、人びとは「迷惑をかけてはいけない」と関係からゆるやかに退き孤立してゆく。

さらに、自立の規範は、「人に頼ろうとする自己」や「自らで問題をうまく処理できない自己」に否定的評価をくだす働きをもつ。目の前の問題にうまく立ち回ることのできない「私」は、自らに対して「みんなができることがうまくいかない」と否定的なまなざしを注ぐようになる。かくして変化にうまく対処できない人の自己肯定感は低下してゆく。

(2) 出産と孤独・孤立

以上の枠組みを出産に当てはめたのが**図序‐2**である。何らかの変化は「産前・産後の変化」、関係形成・再編の必要性は「育児にあわせた関係再編」、規範の存在は「子育て規範」としている。以下、それぞれについて順に見てゆこう。

① 産前・産後の変化

妊娠・出産は多くの人が経験すると同時に、当事者の身体および環境に劇的な変化をもたらす。子どもが産まれれば、夫婦はそれぞれに父親、母親という役割を獲得し、相応の責任を負うことになる。女性については、妊娠期から身体的に大きな変化を経験する。ゆえに、子どもの誕生は「第二の人生の始まり」と言われることもある。

身体的な状況や身の回りの環境が変われば、そこにうまく適応できない人も出てくる。第1節でも指摘したように、1980年代には「育児不安」という言葉が、世の中で取り上げられるようになった。何らかの変化は、人びとに変化への適応という課題を課し、その課題を首尾良くこなせない人の孤立のリスクを高めてゆく。適応の課題のひとつとしてあげられるのが、

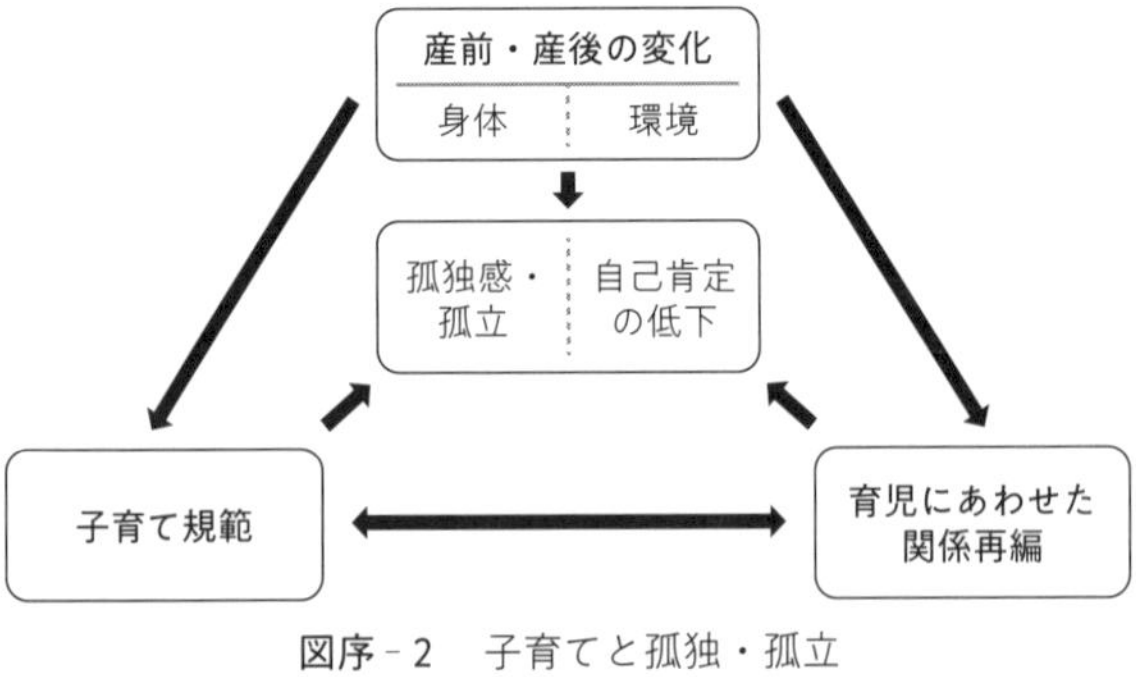

図序－2　子育てと孤独・孤立

出所）筆者作成。

変化に応じた人間関係の再編である。

②育児にあわせた関係再編

育児や介護など、私たちの多くが経験する出来事は、社会的にはごく一般的という「当たり前さ」をもつ一方で、当事者にとっては環境の激変という「衝撃」をもたらす。あまりに変化が大きいゆえ、育児や介護は、当該経験の発生の前後に明確な断絶をもたらしてしまう。育児前と後、介護前と後で、私たちはまったく違った世界を生きるのである。

ここで難しいのは、こうした変化を経験する前に築かれた人間関係は、私たちの環境の変化にあわせて変わってくれるわけではない、ということだ。

たとえば、一緒に遊ぶ数人の仲間がいたとしよう。彼ら・彼女らは定期的に懇親会を開催し、共通の趣味ももっていた。このうち一人（Aさんとする）が妊娠し、子どもが産まれたとする。Aさんには育児の負担、不安がのしかかるものの、そうしたことはなかなか仲間には言い出せない。というのも、これまで遊んでいた仲間はみんな独身で、子育ての不満や不安を共有できる関係ではないからだ。子育ての不満や不安の告白は、むしろ、子どものいない友だちから嫌みととらえられてしまうかもしれない。

何かの変化が生じる前に形成された「強いつながり」は、そのつながりの強さゆえに、当該の変化が発生する前のイメージで、行為者のことをとらえがちだ。だからこそ、変化が発生する前に築き上げた強いつながりは、変化が発生した後の当事者の問題に対応できないこともある。その結果、関係の再編がうまくいかず、孤立に陥ってしまうケースは少なくない。

育児や介護以外にも、両親が子どものことを「しっかりしている」と思っているがゆえに、いじめの悩みを打ち明けられず孤立してしまう子ども、子どもが不登校に陥ったゆえに、「ママ友」関係から切り離されていく母親など、事例は多数ある。


経験した変化がその人にとって大変なものであれば、助けを得られるように関係を再編すればよいかもしれない。しかし、社会にはびこる規範が、「助け」を求める声を押しつぶしてしまうこともある。

③子育て規範

子育て中の母親に聞き取り調査を行うと、「不満や不安があっても言い出しにくい」という言葉を頻繁に耳にする。このような言葉の背後には、日本社会に固有の子育て規範の存在が見え隠れする。

日本社会において子育ては、「親が責任もって行うもの」というイメージがついてまわっている。そのため、子育て当事者は、子育てに不満や不安を感じても、なかなかそれを表には出しづらい。また、子育てには「できて当たり前」という規範もある。それゆえ親は、たとえ疲れていたり、不安を感じたりしていても、そうした思いは表出されない。強固な規範に遮られ、親の支援を求めるサインは見えにくくなってしまうのである。

さらに日本社会には、人びとに自立を求め、他者に迷惑を掛けないことを美徳とする規範がある。高齢の方々が施設に入る理由として真っ先にあげるのは、「子どもに迷惑をかけたくないから」である。[※2] 生活に困窮している人びとでさえも、「迷惑をかけたくないから生活保護は受けない」と発するほどだ。自立を重視し、支援の表明を迷惑ととらえる規範があるゆえ、私たちは困ったことがあっても、そう簡単には人に頼ることができない。

たとえば、子育てがうまくいかず、疲れていたとしよう。このようなときに、育児はできて当然という規範と、人に迷惑をかけてはいけないという規範があると、そうした不満はなかなか表に出せない。育児の不満や不安の表明は、自らを「親としてうまくできていない」と認める行為であり、また、他者に不満のはけ口を求める迷惑な行為だからである。

かくして、不満や不安を表明できない当事者は孤立していき、「できて当然」のはずの育児をできない当事者は、自らにだめ出しをして、自己肯定感を切り下げてゆく。

3 行政の支援と孤立対応の難しさ

(1) 充実してきた行政の支援

ここまで、多くの人が経験しうる「子育て」は、当事者に幸せをもたらす一方で、当事者を孤立させ、自己肯定感を切り下げるリスクもあることを確認してきた。行政もその点は認識している。少子化という抜き差しならない事態もあり、日本社会では、１９９０年代から子育て支援施策の充実が図られてきた。以下では、最近の日本社会の子育て施策を簡単にまとめ、孤立の問題が、なぜ、政策的に対応しづらいのか概説しよう。

１９７０年代半ばから下落を続けてきた合計特殊出生率は、１９８９年についに１９６６年、すなわち丙午の年を下回り、１・57を記録した。いわゆる１・57ショックである。これ以降、日本政府は子育て政策に本腰を入れるようになった。１９９４年にはエンゼルプランが策定され、子育て支援のための今後10年間の方向性と重点施策が定められた。その後、日本社会では、さまざまな方策が試みられてきたものの、合計特殊出生率は相変わらず低調のままで、出生数については、毎年過去最低を更新している。

子育て家庭の支援については、２０１０年代の半ばあたりから新たな潮流も生まれてきた。キーワードは「切れ目のない支援」である。行政は、これまでの縦割り型の対応を省みて、個別の子育て世帯のニーズ・問題に包括的に対応するという意味で「切れ目のない支援」という言葉を用いるようになった。

佐藤（2022）によれば、妊娠期からの「切れ目のない支援」という言葉が使われ出したのは、母子保健分野において、妊娠・出産包括支援モデル事業に取り組まれた２０１４年からである。

これまで、子育て支援には「組織」「専門分野」「年齢」「相談種別」による切れ目があった。そのため、問題を抱えた子育て家庭を支援するにあたっても、ある問題には対応できても別の問題は放置されたままという状況が散見された。この切れ目をふさぎ、子ども・親を地域包括的・継続的に支援することが目指されたのである。

２０１６年の母子保健法改正により、妊娠期からの切れ目のない支援の拠点として、母子健康包括支援センター（子育て世代包括支援センター）が法定化された。『子育て包括支援センター業務ガイドライン』には、「センターの役割として、妊産婦・乳幼児などの状況を継続的・包括的に把握し、妊産婦や保護者の相談に保健師などの専門家が対応するとともに、必要な支援の調整や関係機関と連絡調整するなどして、妊産婦や乳幼児などに対して切れ目のない支援を提供する」（厚生労働省 2017：4）と記されている。子育て包括支援センターは、２０２０年４月１日現在、１２８８市区町村（２０５２カ所）に設置されている。

子育て支援の場づくりも着実に進んでいる。２０１５年４月から施行された子ども・子育て支援新制度により、幼児期の学校教育や保育、地域の子育て支援の量の拡充や質の向上が目指されるようになった。事業の中心となるのは基礎自治体であり、市町村は５年間を計画期間とする「市町村子ども・子育て支援事業計画」の策定を義務づけられた。

同法の施行とともに地域の子育て支援環境も着実に整備されていった。各自治体では、子育てに関する悩みや困りごとに対応する「利用者支援」事業が実施され、身近な地域には親子の交流や子育て相談ができる地域子育て支援拠点が整備されていった。一時預かり、病児保育、子育て短期支援など、多様な支援ニーズに対応するメニューも用意された。

(2) 孤立への対応の難しさ

これだけ支援が充実してくれば、子育ての孤立はあまり問題にならないように感じる。しかし、実態はそうではない。というのも、孤独・孤立には、自治体の支援になじみにくい固有の性質があるからだ。以下ではこの点について、グレーゾーンへの対応、および、つながりづくり施策という点から検討してゆこう。

① グレーゾーンへの対応

孤独や孤立を問題視し、積極的に対処すべきと見なす最大の理由は、孤独や孤立がさらなる問題を生み出すと考えられるからだ。精神疾患や自殺、虐待、何らかの事件の背景として孤立が指摘されることも少なくない。孤独・孤立を問題視する視線には、「より大きな問題」に発展する前の予防という考え方がある。

その一方で、孤独や孤立を問題視する議論を展開すると、「一人になることも重要な権利であり、孤独や孤立も必ずしも悪いことばかりではない」という反論が寄せられる。

たしかに、孤独や孤立がすべて悪いというわけではない。なかにはすき好んで一人でいる人もいる。だからこそ、孤立・孤独を政策課題としてとりあげた内閣官房孤独・孤立対策担当室では、射程とするのは、意図せずして陥った「望まない孤独・孤立」だと述べている。

以上の議論を踏まえると、「一人」の状態には、ライフスタイルであり、問題とは見なされない孤独・孤立と、問題視すべき孤独・孤立が混在することがわかる。この「問題」と「ライフスタイル」の混在が、孤独・孤立の予防的対応を難しくさせる。

行政の支援施策は、基本的には問題が発生したときに発動するようにつくられている。虐待が発生すれば保護をするし、経済的な困窮には給付で対応する。そのような形で施策は成り立っているのである。

この基準から孤立・孤独について検討してみると、孤立・孤独を「問題」と見なすのは難しくなる。というのも、先に指摘したように、人から離れて生活すること自体は、個々人に認められるべきライフスタイルであり、行政が介入する問題ではないと認識されているからだ。

実際のところ、ある孤立は「問題」であり、別の孤立は「問題ではない」と判定するのは容易ではない。そもそも、そうした選別自体が、固有の人びとに何らかのレッテルを貼る可能性もある。

問題視すべき孤独・孤立は、「問題」が発生して初めて「問題視すべきもの」に転じるのである。「問題の発生」という結果が、「問題視すべき孤立」を規定するゆえ、虐待や精神疾患などの「問題」が発生する前のグレーゾーンにあたる孤立状況への介入は、そう簡単ではない。

そもそも、虐待を疑われる家庭への介入や、ゴミ屋敷になっていることが懸念される家庭への介入ですらそう簡単ではないのだ。孤立への介入と人権擁護の問題は、ときに鋭く対立するため、グレーゾーンの事態への予防的な介入のハードルは高いのである。

②つながりづくりの施策

つながりづくりも行政の苦手とするところである。孤立する自由が認められているように、日本社会には、つながりに入るか、入らないか、あるいは、どのようなつながりに入るかは本人の自由であり、行政の介入するところではない、という共通了解が存在する。したがって、行政から、固有の人につながりに入るよう強制的に働きかけることは難しい。

とはいえ、行政もできうることはやっている。(1)でも説明したように、つながりづくりの場や相談のコーナーは多くの地域に設置されている。しかし重要なのは、孤独・孤立の文脈で「問題」視されやすい人は、そもそもそういった場にはあまり来ない、ということだ。このような人に効果的な対策を打つのは、そう簡単ではない。というのも、再三述べたように、今日の日本社会には、つながりに入るか入らないかは最終的には個人の自由、という強固な思想が存在しているからだ。自治会・町内会への加入ですら任意になっている現代社会において、集まりの場への参加を強制することはほぼ不可能と言ってよい。

したがって、孤立した人をつながりのなかに引き戻すには、当事者と信頼関係を築く必要がある。しかし、そうした関係を築くにはかなりの時間を要するし、一人ひとりにそのようなことを実施するには、かなり多くの人員を要する。それゆえ、行政は、孤独・孤立問題については外部団体と協力しながら対応する、という方針を掲げている。子育てと孤独・孤立の問題については、市民社会側からの働きかけが強く求められているのである。

4 本書のねらい

(1) 本書の射程

以上の問題意識を念頭に、本書は子育てをする家庭の孤独・孤立について検討してゆく。そのさい留意したのは、①要保護対象となるような家庭ではなく、いわゆる「ふつう」の家庭に焦点を当てること、②孤独・孤立からの脱却の仕組みについて検討すること、③子育て世帯を支援する団体にも焦点を当てること、の3点である。以下、簡単に説明しよう。

本書冒頭にも記したように、子育ては日本社会で暮らす非常に多くの人が経験する。孤独・孤立のリスクにさらされるのは、なにも特別な環境におかれた家庭だけではない。多くの家庭が孤独・孤立のリスクに対峙しながら子育てをしてきたのである。本書は、子育てのただ中にある多くの人の参考になりうる事例の提供を目指している。そのため、いわゆる「ふつう」の子育て世帯を射程においている。

孤独・孤立については、そのリスクの高さは指摘されているものの、脱却の仕組みについてはあまり議論されていない。どちらかというと、孤独・孤立が問題ならばつながりをつくればよい、という精神論的な助言が多い。しかし、つながりができない人に「つながりをつくれ」と言っても、それは酷なものだ。本書ではいくつかの事例をもとに、孤独・孤立から脱却する仕組みについても検討したい。

第三の着目点は、子育てをする家庭を支える側の仕組み作りである。政府の子育て支援策の整備により、子育てを支援する団体もかなり増えてきた。しかしながら、団体運営やつながりづくりのノウハウはそれほど蓄積されておらず、手探り状態のまま運営をしている団体も多い。また、支援団体の構築や組織間の横のつながりづくりをしたいのだけど、何から手をつければよいかわからない、という人もいる。本書は、運営当事者の視点から、団体運営のポイントや組織間の連携構築の方策についてもまとめてゆく。

先述した三つの視点をつうじて、子育てにおける孤独・孤立についての実態を検討し、包括的な対策を提示するのが本書の狙いである。

(2) 本書の構成

本書は大きく第Ⅰ部と第Ⅱ部に分かれている。第Ⅰ部では、実際に子育てをしている母親に焦点を当てる。子育てに直面した母親がいかに孤独・孤立に陥りやすいか、孤独・孤立からの脱却にあたり、どういった体験をしてきたのか事例をもとに明らかにする。

第1章は、千葉県松戸市で2020年に0歳児を出産した母親に対する調査の結果をもとに、母親の子育て実践がいかに〝綱渡り的〟に継続されてきたのかを明らかにする。質問紙調査の結果をもとに統計的に新生児の母親の実態を探ると「幸せ」な母親像が抽出される。しかし、調査に回答していただいた母親に聞き取り調査をすると、子育ての異なった実態が見えてくる。本章では、母親への聞き取り調査の結果をもとに、支援を必要としない「ふつう」の「幸せ」な母親の子育てが、いかに〝紙一重〟の状態で成り立ってきたのかを明らかにする。

第2章は、子育てのさいに孤立した母親の立ち直りの経緯に焦点を当てる。周りからの支援もなく、孤立し、自己否定に陥った母親が、NPOとの出会いをきっかけに、どのように回復していったのか聞き取り調査をつうじて明らかにする。使用するのは、神奈川県横浜市戸塚区のNPO法人「こまちぷらす」の活動に参加している母親に対して、2019年に行った調査の結果である。

第Ⅱ部は、子育てをしている家庭を支援する団体に焦点を当てる。支援団体をどのように構築・運営し、また、昨今指摘される横の連携をどのように生み出してゆくか、事例をもとに検討する。

第3章は横浜市戸塚区にある認定NPO法人「こまちぷらす」を事例に、子育てをする家庭の居場所づくりの試みを紹介する。居場所は場を立ち上げたからといって、すぐに居場所として機能するわけではない。居場所が機能するまでには、数多くの困難がある。本章では、事例をもとに、居場所が本来の機能を発揮するにあたりどのような工夫や困難があったのか、資金、人員の問題はどうクリアしたのかといった点を、法人の代表がこれまでの活動を振り返りつつ、整理・検討してゆく。本章をつうじて、これから居場所作りをしようとしている方々に参考になるモデルを提供できるはずだ。第4章は地域内に存在するさまざまな団体を連携させる方策ついて検討する。切れ目のない支援体制を構築するにあたって求められるのが、地域に点在する団体・組織の連携である。しかしながら、こうした体制も自動的にできるわけではない。本章では、松戸市の「まつどでつながるプロジェクト」を事例に、地域の連携体制をどのように築いてゆけばよいのか明らかにする。

終章では、ここまでで扱いきれなかった事例を取り上げ、日本社会で子どもを育てることについて再度検討する。

文献

はてな匿名ダイアリー（2016）『保育園落ちた日本死ね!!!』(https://anond.hatelabo.jp/20160215171759, 2023年2月21日検索)。

岩田美香（1997）「「育児不安」研究の限界」『教育福祉研究』3：27-34。

柏木惠子・若松素子（1994）「「親となる」ことによる人格発達——生涯発達的視点から親を研究する試み」『発達心理学研究』5(1)：72-83。

厚生労働省（2017）『子育て包括支援センター業務ガイドライン』(https://www.mhlw.go.jp/file/06-Seisakujouhou-11900000-Koyoukintoujidoukateikyoku/kosodatesedaigaidorain.pdf, 2022年7月19日検索)。

厚生労働省（1994）『今後の子育て支援のための施策の基本的方向について』(https://www.mhlw.go.jp/bunya/kodomo/angelplan.html, 2023年2月20日検索)。

佐藤まゆみ（2022）「子育て家庭の孤立を防ぐための都市自治体における支援体制のあり方」『都市自治体の子ども・子育て政策』公益財団法人日本都市センター、9-28。

清水嘉子・伊勢カンナ（2006）「母親の育児幸福感と育児事情の実態」『母性衛生』47(2)：344-351。

末冨芳・桜井啓太（2021）『子育て罰――「親子に冷たい日本」を変えるには』光文社新書。

菅野幸恵（2001）「母親が子どもをイヤになること――育児における深い感情とそれに対する説明づけ」『発達心理学研究』12(1)：12-23。

※1　2023年6月2日に厚生労働省より発表された人口動態統計（概数）によれば、2022年の出生数は77万747人となり、1899年の統計開始以来、過去最少を記録した。また、合計特殊出生率も1947年の推計開始以来、最低の1・26だった。

※2　2010年に内閣府が実施した『介護保険制度に関する世論調査』において、「可能な限り自宅で介護を受けたい」と回答した人の割合は、37・3%に留まる。一方、老人ホームや病院などの施設介護を望む人は6割弱（58・1%）である。このうち76・7%の人が、施設介護を望む理由として「家族に迷惑をかけたくないから」を選択している。これは施設介護を望む理由としては群を抜いており、なおかつ、1995年から継続的に見られる傾向である。

第I部

子育て、「幸福」と「綱渡り」が同居する体験

第1章 「幸せ」な子育ての裏にある紙一重の現実

1 「ふつう」の子育てと「ふつうではない」子育て

(1) 子育てにおける「ふつう」

「子育て」というと、多くの人が経験する「ふつう」の現象だと考える人がかなりいるだろう。人類がここまで長い歴史を紡いでこられたのは、これまで多くの人が子育てをしてきたからだ。誰もが経験しうるという意味で、子育ては「ふつう」の社会現象である。

では、「ふつうではない」子育てとは何だろうか。これについては、早くに離婚してしまい、シングルで子育てをするケース、家族の誰かが障がいを抱えてしまうケース、などを想起する人が多いだろう。私たちは「ふつうではない」ものを想定するときに、いわゆるマジョリティから外れた属性や事象に注目しがちだ。

その一方で「ふつう」の子育てと言われると、定義するのはなかなか難しい。ゆるやかに定義するならば、父親、母親がいて、子どもが健全に育っているケースとでも言えようか。ではこの定義を、父親、母親がいて、**大きなトラブルもなく**子どもが健全に育っているケースとしたらどうだろうか。この定義を見た人からは、「『大きなトラブル』っていうのは、いったいどこまでを指すんだろう」だとか「『トラブル』を経験しない子育てってあるの」という言葉が聞こえてきそうだ。

実際に子育てを経験した人であれば、子育ては「トラブル」の連続であり、日々のトラブルへの対処こそが子育てだということを実感しているだろう。それもそのはずだ。育児関連の仕事にでも就かないかぎり、大抵の人は初めて子育てを経験する。初めての経験にトラブルや当惑がついて回るのは当然のことである。

多くの人が経験するという意味で「ふつう」の現象である子育ては、実のところ「ふつうではないこと」の繰り返しで成り立っているのである。それは、子育て期や介護期が「ふつう」のライフステージから区別されていることからも明らかである。本章では、松戸市の母親たちの聞き取り調査をもとに、「ふつう」の子育てがいかに綱渡り的に成り立っているのか明らかにし、日本の子育て政策の不足部分について論じてゆく。

(2) 本章で用いるデータ

本章で用いるのは、第4章でとりあげる「まつどでつながるプロジェクト」と共同で実施した調査の結果である。「まつどでつながるプロジェクト」では、「ウェルカム・ベビー・プロジェクト」と称して、固有の年度に地区内で子どもを出産した親に出産祝いをプレゼントしている。２０２０年度には、１００人の母親に出産祝いを渡した。

プレゼントには、「子育てにかんする調査」の調査票と返信用封筒を入れ、74人の母親から回答を得た。さらに、質問紙調査の回答を得た74人のうち３人に対して、聞き取り調査を行った。本章の記述はおもにこの二つの調査の結果をもとにしている。

計量分析のさいには、補足的に以下の調査の結果も用いている。今回の調査では、「ウェルカム・ベビー・プロジェクト」の対象者だけではなく、松戸市の新生児の多い地区に住む母親に対しても全数調査を行った。具体的には、当該地区に住み、２０２０年１月から10月にかけて生まれた子どもをもつ母親５００人を、住民基本台帳をもとに抽出し、郵送調査を行った。この調査を「全数調査」とする。全数調査の回収数は２２２票、回収率は44・４％である。

２　「幸せ」な子育て家庭——質問紙調査から抽出される子育てのイメージ——

聞き取り調査の検討に入る前に、子どもを産んだ母親の心境、状況について、質問紙調査から大まかに把握しておこう。使用するのは、「ウェルカム・ベビー・プロジェクト」対象者への質問紙調査の結果である。

結論を先取りするならば、子どもを出産した母親は、世の中のイメージどおり、非常に「幸せ」な意識を抱いていた。**図1-1**は「全般的にいって、どのくらい幸せだと思いますか」という質問への回答である。「非常に幸せ」50・0％、「やや幸せ」48・6％と回答した人のほぼ全員が「幸せ」と回答している。

この結果は、「ウェルカムベビー」調査のように、積極的にプレゼントをもらいに来た人だからこそ出たものではない。全数調査でもほぼ全員の98・7％が、「非常に幸せ」または「やや幸せ」と回答している。しかも、全数調査のほうが「非常に幸せ」と回答した人は多い（60・4％）。ここから、世の中のイメージのとおり、子どもが産まれた母親の幸福感は非常に高いことがわかる。

次に、「あなたはお子さんを育てていて、次のように思うこと・思ったことがどのくらいありますか」という質問のなかの、「子どもを産んでよかったと思ったこと」に対して寄せられた回答を見てみよう。**図1-2**がそのまとめである。

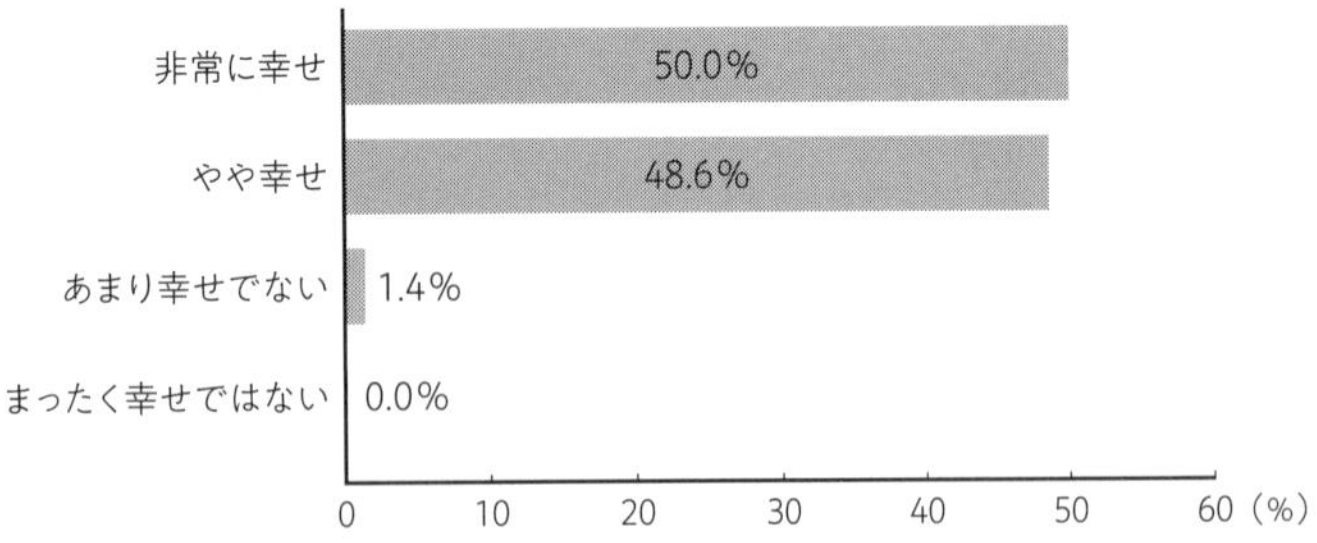

図1-1　母親の幸福感

出所）図1-1～1-3筆者作成。

この質問に対しては、ほぼすべての母親（95・9％）が「なんどもあった」と答えており、子どもが産まれたことの喜びがうかがえる。この傾向は全数調査でも同様であり、96・8％の人が「なんどもあった」と答えている。やはり、今の時代でも、ほぼすべての人にとって、「子は宝」であり、子育ては幸せなことなのである。

では、子育て中の孤独感についてては、どうだろうか。序章で示したように、子どもの誕生という環境の変化は、親に既存の関係の再編を促し、それがうまくいかない人を孤立に陥れる可能性がある。図1－3は、「あなたは以下のA～Iのことがら

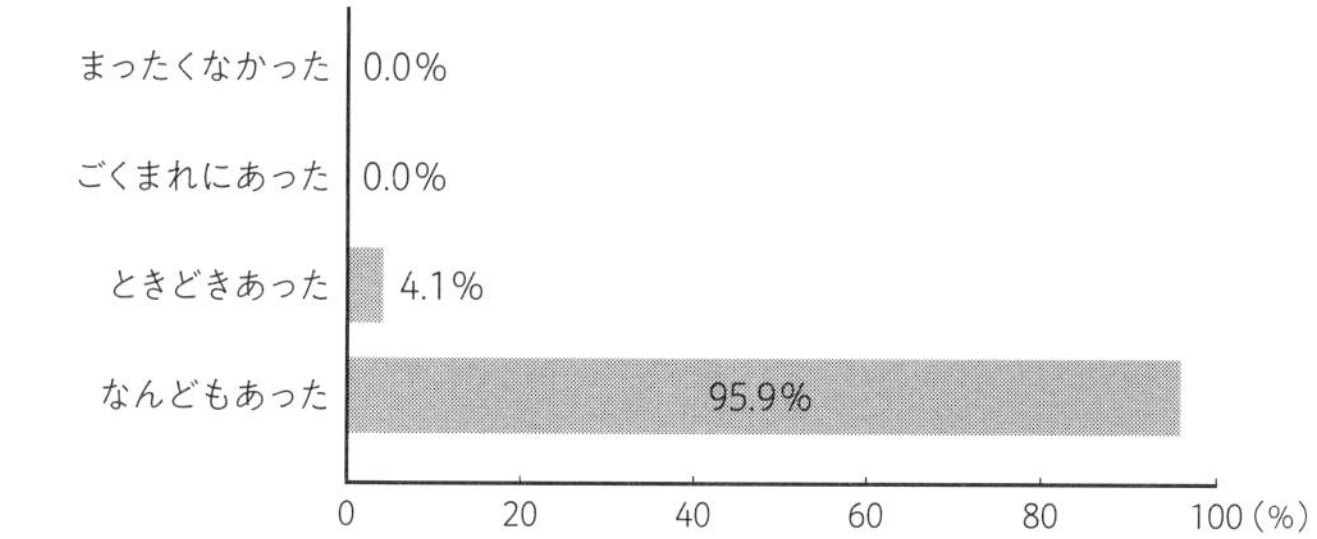

図1－2　子どもを産んでよかったと思うこと

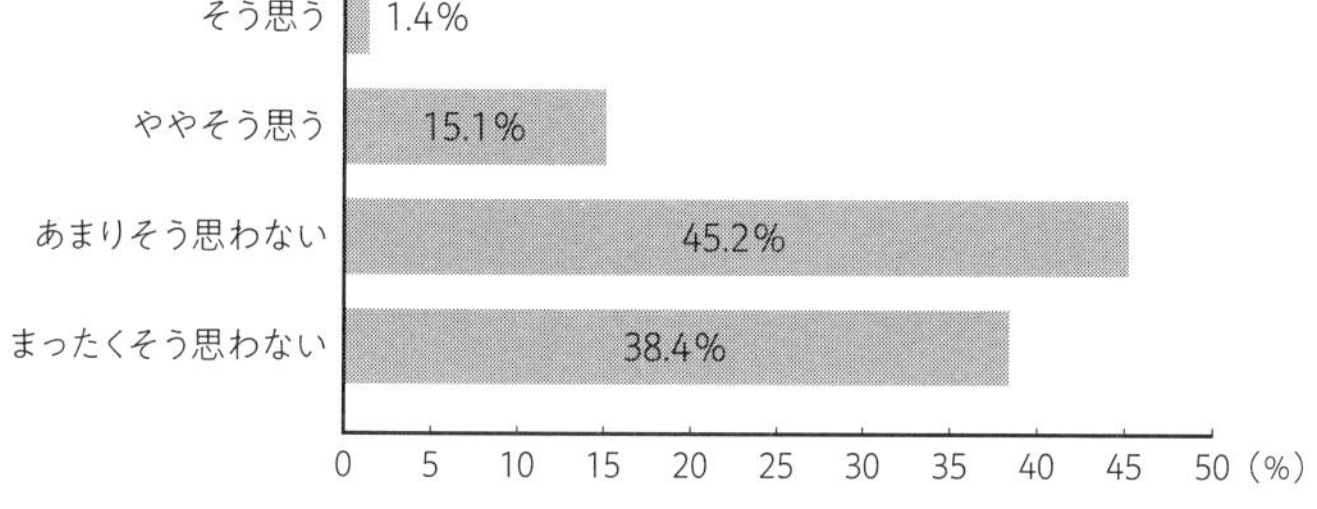

図1－3　自分は独りぼっちだと感じる

について、どのように思いますか」という質問の「(C) 自分は独りぼっちだと感じる」という項目への回答をまとめたものである。

この図を見ると、子どもを産んだ母親であっても、それほど強い孤独感を抱いていないことがわかる。「自分は独りぼっちだと感じる」という項目に「そう思う」と回答した人はわずか1・4%であり、「ややそう思う」でも15・1%にとどまる。つまり、80%以上の人はあまり孤独感を抱かずに子育てをしているのである。

この点についても全数調査でも同様である。「自分は独りぼっちだと感じる」という項目に「そう思う」と回答した人は2・7%、「ややそう思う」が11・3%、「あまりそう思わない」が33・5%、「まったくそう思わない」が52・5%で、85%以上の人があまり孤独感を抱いていない。

以上まとめると、質問紙調査の結果からは、子育てをする母親のイメージは、「従来どおり」であることが明らかになった。「宝物」のような子に恵まれ、幸せに満ちた母親像である。では、これらの人びとは、大過なく子育てという一大イベントを乗り切ってきたのだろうか。次節では聞き取り調査の結果をもとに、子育ての内実についてより詳細に検討しよう。

3 「幸せ」な子育ての舞台裏

(1) 聞き取り調査の概要

本節は、「ウェルカム・ベビー・プロジェクト」の質問紙調査の回答者のなかで、聞き取り調査に応じてくださった3名（さつきさん、ゆりさん、さくらさんとする）[※1]の調査の結果をもとに執筆する。

聞き取り調査は、「まつどでつながるプロジェクト」の拠点であるco-no-miの一室で行われた。調査の時期は、さつきさんが2021年6月29日、ゆりさんが同年7月6日、さくらさんが同年7月8日である。聞き取りの時間は、それぞれ1時間くらいであり、調査のさいには、執筆者にくわえ、育児の補助のため「まつどでつながるプロジェクト」のスタッフ1名が同席した。

なお、本調査は、子育てをしている「ふつう」の母親3名に実施されたが、調査環境の特殊性について事前に説明しなければならない。調査対象となった3名はいずれも2020年4月から10月の間に出産している。

出産およびその後の子育ての時期は周知のように、新型コロナウィルス感染症が世界中で猛威を振るった時期と重なっている。そのため、いずれの母親もかなり不安定、かつ、制約の大きいなかでの子育てを強いられている。本節の結果を解釈するさいには、その点に留意されたい。

以下では、序章の**図序-2**で提示した枠組みをもとに、それぞれの事例を検討してゆく。

(2) さつきさんのケース

① さつきさんの概略

松戸に住んで5年のさつきさんは、2020年9月に市外で第二子（以降、長男と記述）を出産している。聞き取り調査時に、長男は9ヶ月であり、その上に間もなく6歳になる長女がいる。さつきさんは、高校までは松戸市内に住み、両親も近隣に住んでいる。夫は市外出身で、夫の両親は近くに住んでいない。

② 環境の変化と関係再編のきっかけ

さつきさんの夫は海外勤務が長く、長男を出産するさいにも、出産の1ヶ月前までは海外にいた。つわりや出産準備もあり不便ではないかと思うのだが、二人目の出産ということもあり、「不便は不便でしたけど（略）基本的にはずっと二人暮らしには慣れていたので」とあまり気にかけている様子ではなかった。

「コロナで出かけることもできず情報も入ってこなくて不安ではありませんでしたか」という質問に対しては「一人目だったらすごいそうだったたんだろうなって何回も思って、一人目の時はそれこそ半年ぐらいの頃とか家で二人きりでいるのがすごい嫌で、近所のママ友としょっちゅうどちらかの家や近所のカフェとかで会ったりしてたので、それがしにくい状況は相当きついだろうな」と語っている。やはり二人目の慣れは重要なようだ。

「本当に動けなかったりした時」は、近隣に住む母親に頼っていた。とはいえ、コロナ禍の初期ということもあり、なかなか気軽に行き来とはいかない。「最低限の接触にとどめて」というさつきさんの言葉は、コロナ禍における支援のあり方を象徴している。

妊娠・出産という環境の変化にもうまく適応できていたように見えるさつきさんだが、関係再編の機会は意外なところからやってくる。夫の同居である。さつきさんの夫は海外勤務が多く、長女が１歳になる直前から単身赴任が始まり、その後、４年間、母と長女の二人暮らしが続いた。

その間、夫も帰宅はしていたものの、「２ヶ月に１回くらい10日くらい」の頻度であった。ゆえに、「あまり生活という感じではなく、お父さんが帰ってくるイベント」のような感じで長女は母親と過ごしていた。二人暮らしの苦労も想像してあまりあるが、このような生活を変えたのが長男の出産である。

長男を出産する直前に父親が帰ってくることで、長女は「お父さんが毎日居るという生活が意識の中では初めて」の体験をした。自分より下に子が産まれ、さらに、父親が毎日いる生活は、長女にとっての戸惑いの始まりであり、家族全員に新たな環境に対しておたがいの立ち位置を調整するという課題を投げかけた。

③関係再編の苦労

関係の再編が家族の課題だということはさつきさんも認識している。たとえば、聞き取りの最中さつきさんは「多分一番うちはそこ（子どもが産まれた苦労よりも家族全員の立ち位置）だったなと思っていて、その子どもの居る生活に慣れていないお父さん、お父さんの居る生活に慣れていないお姉ちゃんと」と語っている。

夫は夫で、新生児および幼児を含む4人と、唐突に住むことにストレスや戸惑いを感じ、長女は長女で、突然、一緒にいることになった父親、自らにだけ目をかけてくれるわけではなくなった母親との距離感に悩む。さつきさんはその間に立って、全体を取りなしつつ、調整をしてゆく。「表立って子どもに対してお父さんのほうが間違ってるとは言えないし、でもそれはちょっとというところもあってそういう言い方をするのはよくないんじゃないか」という言葉からはさつきさんの苦労が透けて見える。

友人に会って愚痴でも話すことができればさつきさんの心持ちも違ったのかもしれない。しかし、コロナ禍であること、夫が休暇を取って常に自宅にいることが相まってなかなか外に出ることもできない。友だちとの会話について尋ねると、「それがなかなか出来てなくて。家に夫が居るというのもあって、昼間の時間テレビ電話をしようと思っても夫が居るので愚痴を言うのも聞いてるし。自分の昔からの友だちと会ってお話をしたいのですがそれがまだ出来ていないので」という言葉が返ってきた。

他方、「夫は夫で帰って来た直後に久しぶりの日本だからちょっと人にも会いたいしとか、日本を謳歌したい気持ちもありつつ、でもコロナもあるし、私も妊婦だから絶対に止めてと言って、それもできないし、家に居たらいたで5歳児は訳の分からないことを言うしみたいな」と夫も我慢している様子がうかがえる。結果として、さつきさんと夫、夫（父親）と長女の関係は「多少煮詰まっ」た状況に陥る。

④規範との距離感

では、さつきさんは、いったいどうやってこの状況を乗り切ってきたのだろうか。ヒントは規範との距離感である。

図序‐2に示したように、日本社会には根強い子育て規範があり、それが親を苦しめている。「こうしなければいけない」「こうあるほうがよい」というプレッシャーは人びとを追い込み、時には、自己肯定感を切り下げる働きをもつ。さつきさんは、そんな規範にあまり縛られずに、子育てに臨むことができている。その背後には、さつきさんの特殊な子育て環境がある。

先にも述べたように、さつきさんの夫は海外勤務が多い。赴任地にはさつきさんもついて行くことがあり、さつきさんはアメリカで長女を出産している。海外での出産経験は、さつきさんに、日本社会の子育てを取り巻くさまざまなルールを客観視する考え方をもたらした。たとえば、以下の記述を見てほしい。

海外に居るからこそ、アメリカでの育児事情とかいろいろ知って日本ではこういう風に言われてるらしいよと、いろいろ違うところがあったりしますが、ある意味どちらでもいいんだなと思うとすごく気が楽で、こうしないといけないというのがないから、良いとこどりして。

その結果、さつきさんは「私自身一人目はアメリカで良かったなと思っています」ときっぱりと語っている。その後に続く、「二人目を日本で産んでいたら、いろんなプレッシャーとかあったんじゃないかなと思ってて」という言葉は、日本社会の子育て規範の強さを示唆している。

子育て規範と一定の距離をおいたさつきさんは、いろいろありつつも、「どちらでもいいんだ」という気楽さで子育てに励んでいる。夫も家族との関係に苦慮しながらも、家事を手伝いつつ、関係の再編を図っている。しかしながら、聞き取り調査から数ヶ月後には、さつきさんの夫はもとの赴任地に戻り、さつきさんには3人の生活が待ち受けている。さつきさんが気楽さを失わずに子育てを続けていけることを願ってやまない。

(3) ゆりさんのケース

① ゆりさんの概略

ゆりさんは2020年4月、まさに緊急事態宣言下に市内で第一子を出産している。聞き取り調査時に、長子は1歳3ヶ月である。ゆりさんの実家は、松戸市に隣接する自治体にある。そのため、実家との行き来は比較的容易であり、地元には友だちも何人かいる。また、出産を経験した姉家族も実家に住んでいるため、サポートを得ることもできる。

②二重の環境の変化

ゆりさんの出産は、日本社会の緊張度が最も高くなった最初の緊急事態宣言と重なっている。妊娠期は宣言前であったため、定期的に会う友だちもいたようだが、宣言下での出産は孤独なものであった。「退院するまで誰も お見舞いに来てもらえないのが寂しくて、あとはやはり3日間促進剤で陣痛の痛みにずっと一人で耐えていたから、それが本当に孤独死しそうで」という言葉からは、コロナ禍における出産の不安な状況を想像できる。

出産後のゆりさんは、多くの家庭に見られるように、実家に戻り母親や姉の家族のサポートを受けながら子育てをスタートさせた。「母にいろいろフォローしてもらって、実家が姉家族と両親が同居しているので、夜中姉の旦那に泣き止まない時は助けてもらったり。姪っ子と甥っ子がいて、とくに私のことが大好きな姪っ子がこの子のこともとても可愛がってくれて」と実家からのサポートをもとに、順調に子育て生活のスタートを切ったことがわかる。

しかし、順調に見えた子育ても、出産後に発生したもうひとつの環境の変化により暗転する。それまで「いろいろフォロー」してくれていた母親が、子どもの一ヶ月検診の頃に倒れ、末期がんが見つかってしまったのである。母親の罹患により、ゆりさんは貴重なサポート源を失っただけでなく、ケアの役割までも担うようになった。子どもが産まれ、ただでさえ不安な時期に、二重の不安を抱えたゆりさんが苦境を打破するには、現状に沿うかたちで関係を再編する必要がある。

③難しかった家族関係の再編

しかしながら、ゆりさんの関係の再編はうまくいかなかった。そこにはコロナ禍特有の難しい事情もあった。

当初、ゆりさんは実家に帰った折に、夫にも「定期的に必ず来て慣れてもらおうと思っていた」。しかし、医療関係者の夫は、コロナ禍で外出を控えるようになり、子どもと直接会うことはなかった。結局、ゆりさんが子どもを連れて実家から自宅に帰るまで、子どもと一度も会うことのなかったゆりさんの夫は、「慣れないことで（略）一杯一杯」になり、「喧嘩ばかり」の生活になる。さきのさつきさんの事例でも見たように、家族の中での関係の再編は意外なほどに難しい。

そのうえ、ゆりさんには母親のケアもある。ゆりさんの母親は、幸いにも、医療関係者の夫のツテでいい先生を紹介してもらい、入院することができた。しかし、病院は自宅から遠い場所にあった。新生児を抱えながらの移動はそう簡単ではない。荷物も多いし、子どもにも負担がかかる。夫も協力しつつ、病院に通っていたものの、やはりそこでも不和が生じてしまう。当時の状況をゆりさんは以下のように振り返っている。

私は母に元気になって欲しいから、この子を預けていろいろやってた時に時間がかかってしまって、その後に予定を組んでいたけど、時間が押してしまったりした時に、こっちのことも考えろとブチキレられて、こっちも精一杯頑張っているのになにこの人キレているのと思って。

それぞれが、必死になって行動し、おたがいの言い分もあるのだろう。夫婦間の子育ては、おたがいの言い分のすり合わせにより成り立っているところもある。過酷すぎる変化は、ゆりさんおよび、夫からすり合わせの余地を奪ってしまった。結果としてゆりさんは、対話ではなく「この人に期待するのは止めよう」と夫との関係から退くことを選ぶようになる。

④コロナで失われた友人関係の再編

家族関係にさざ波が立っても、外に関係をつくることができればまだよかったのかもしれない。しかし、コロナ禍が、友人関係の再編も阻んでしまう。

当初、ゆりさんは「産まれた後は、もっとママ友さんとかと交流をもてたりするのかと思っていた」。しかし、コロナ禍で児童館などに自由に通うこともできず、淡い期待はくじかれてしまう。コロナ禍の子育てについて、ゆりさんは「児童館とか行きたかったんですけど、そういう所でママ友を作ったり友だちを作ったりすごいやりたかったので、コロナでそれが出来なかったのがとても残念でした」としみじみ振り返っている。

出産前に築き上げた友人関係にも、コロナ禍で会えなくなっている。その背後には、夫が医療関係者だという事情もあるようだ。たとえば以下の言葉をみてほしい。

友だちも何人も会いに来たいと言ってくれてても、主人に第三者と会っちゃダメだと言われてから、全然誰にも会ってないから。実家にしか行きようがなくて。

SNSで多少の愚痴は言っているものの、ゆりさんにとってそれは対面に取って代わるものではない。処理されない怒りの矛先は、結局のところ夫に向かってしまう。「LINEで言ってるとどんどん暗い気持ちになってしまって、モヤモヤ自分の中でクルクル回ってどんどん旦那のことが嫌いになって」という言葉から、ゆりさんの切実な状況を想像することができる。

結果としてゆりさんは、聞き取り当時も「今となっては誰を頼ったらいいのかという状態」のままである。

⑤ただ耐えて、時間が過ぎるのを待つ

窮状に陥ったゆりさんに対して、行政のサポートは届かなかったのだろうか。松戸市は、日経xwomanと日本経済新聞社が実施する「共働き子育てしやすい街ランキング2021」で総合1位に選ばれるほどだ。したがって、子育て支援施策は充実しているはずである。しかし、ゆりさんはそれらのサービスを積極的に使おうとはしなかった。

「松戸市のサポートなどを使うことはあまり出来なかったのですか」という質問に対してゆりさん

は、「よく分からないし、面倒くさくなってしまって。性格的にもいろいろ調べてというタイプじゃなくて、ぱっと身近なものを使って」と答えている。

この「よく分からない」し、「面倒」だから使わないという言葉は簡単に無視してよいものではない。ゆりさんの発言は、子育て支援の施策が充実しても、行政が待ちの姿勢でいるかぎり、そこに届かない人が一定数いる事実を示している。子育てにかぎらず、施策を検討する側は、この点を見過ごしてはならないだろう。

結果としてゆりさんは、子どもが成長し、自由な時間がもてるようになるまで耐えて待つ、という戦略をとっている。聞き取り調査で保育園や幼稚園の話が出たさいに、ゆりさんは「なかなか片手間に（幼稚園、保育園を調べるの）は難しくて。卒乳してしっかり一人でゆっくり寝てくれるようになったら、もうちょっと手を放して自分が自分の時間をもてるかなと」語っていた。ゆりさんの子育ての奮闘はまだまだ続いている。

(4) さくらさんのケース

① さくらさんの概略

さくらさんもゆりさん同様、２０２０年5月、最初の緊急事態宣言下に第一子を出産している。聞き取り調査時に、長子は1歳1ヶ月である。さくらさんは市内にある二世帯住宅に両親、妹と一緒に住んでいる。地元出身であり、親もそばに住んでいるため、サポート環境は良好だと考えられる。

②環境の激変

緊急事態宣言が発令されたこともあり、さくらさんも妊娠期から外部の情報や人間関係から遮断されている。「ママパパ学級がやってなく」「妊婦検診の時から誰も付き添いはしてはいけないということ」であった。とはいえ、妊娠期における、つながりからの遮断は、これから生じる出来事に比べれば、そう大きなことではなかった。

さくらさんの子どもは「出産して次の日に先生からちょっと心臓のほうの酸素の数値が低いので、救急搬送しますと言われて、産まれてすぐに大きい病院に行ってしまった」のである。そのため、母親のさくらさんですら、子どもとは「生後二日目から一週間は会えなかった」。その後、さくらさんの子どもが、「小児病棟に入ったので、そこからは私も一緒に一ヶ月ぐらい二人で入院して」いた。しかし、さくらさんの父親はその間も、子どもに会うことはできなかった。

誰もお見舞いに来ることもできず、疾患を抱えた子どもと過ごす日々はかなり不安だったらしく、さくらさんは当時の状況を「精神状態はボロボロで。本当にこの子は大丈夫なのかというのも分からなかったし、様子も分からずかなり不安でした」と語っている。

さくらさんの子どもは心臓に疾患を抱えていたため、医師から「コロナにかかってしまうと重症化すると」言われていた。それゆえ、さくらさん夫婦は周りの人との接触にかなり気を遣っていた。子どもの退院を機に、10ヶ月という長い育休をとった夫とさくらさんが「ほとんど二人で過ご」す日々が始まった。

③再編できない関係と疲労の蓄積

さくらさん夫婦のコロナへの警戒感は、関係の再編を難しくした。気遣いの範囲は、同居する両親、妹にまでおよんでいる。当時を振り返ってさくらさんは、「ちょっと怖いなということで、おじいちゃんとおばあちゃんと一緒に住んではいますけど、あまり会わないように」と語っている。実際のところ、さくらさんの妹は、濃厚接触者になったのをきっかけに、感染を心配し、実家から出る決断をした。

コロナへの感染が、やっと授かった新しい命を危険にさらすとあらば仕方ないことだろう。「やっぱり一人でどこかに行って感染して戻ってきたらと考えるとそれも怖くて、とにかく感染させないでと言われた言葉がすごく重くて、どこでどう感染するのかが分からなくて、スーパーに行くことさえ怖くて」という言葉からは、さくらさんが不安な日々を送っていたことがわかる。当時は人と「すれ違うのすら怖くて、すごい避けて歩いてしまったり」という状態だった。

「スーパーに行くにもどちらかが一人で行くという風にして、本当に外に触れさせないように徹していた」生活は、「本当に苦しい」ものだったという。当然ながら、友だちについても「やっぱり来て欲しいですけど怖い」といった理由で、「直接会うこともほとんどなかった」。しかし、二人きりの育児は、徐々に両者にすれ違いを生み、さくらさんと夫はそれぞれにストレスを抱えるようになる。

当時を振り返ってさくらさんは、「他に発散する相手がいればいいですけど、おたがいそれぞれしかいないので、発散する相手がそれぞれなので、余計に喧嘩してイライラしたりとかいうのはありましたね」と語っている。また、育児の分担についても、「こっちがやってないと、なんでそっちやってないいんだみたいな。平等じゃないとストレスがあったり」という状況であった。以下のさくらさんの言葉は、当時の混乱を象徴的に表している。

今考えると一人がもう少し自由時間を取れる時間を、そういう分担にすればよかったのかなと思いますけど、あの時は二人ともやらなきゃという感じになってしまっていて。今考えるともう少し上手に出来たのかなと思いますけど、必死すぎて、逆にやってよやってよになってたのかなと思います。休んでいいよっていう、おたがい優しい気持ちがあったら良かったですけど、その余裕すらなかったなと思いますね。

④届かない市のサポート

かなり厳しい状況で子育てをしていたさくらさんであるが、ゆりさん同様、市のサポートは届いていない。さくらさんに市のサポートの現状を尋ねると、「どこにどう相談したら情報がもらえるということが明確化されてれば、ここに相談すれば教えてくれるというのが分かれば安心ですけど、いまいちいろんな所がありすぎて。キャッチしにくいというのはあります」という回答が返ってきた。支援のメニューは豊富なものの、利用者にとって使いやすいものではないことがわかる。

また、さくらさんの語りからは、育児者が積極的に働きかけるだけでなく、市が育児者に働きかけるようなサポートを求められていることがわかる。「積極的にフォローしてもらえているという安心感が欲しい」「気にかけてもらえているというのが、一番安心感がもてる」という言葉からは、さくらさん夫婦がいかに孤立したなかで子育てをしてきたかがわかる。それと同時に、誰かに気にかけてもらうことの重要性も表している。

結局のところさくらさん夫婦は、子どもを守りたいという一念で、誰にも頼らず現状をやり過ごしてきた。「孤独を感じることはありましたけど、やっぱり守らなきゃという思いのほうが強くて、自分が寂しいと思う気持ちすら向き合えてないというか。とにかく必死に育ててたという感じです」という言葉からは、さくらさんが走り続けてきた13ヶ月の過酷さを想像することができる。

⑤新たな環境の変化

そんなさくらさん一家ではあるが、幸い、子どもも回復し外出できるまでになった。それに付随して、さくらさん、夫ともに、新たな環境に踏み出そうとしている。しかし、新たな環境への適応にも時間がかかりそうだ。

ひと足先に仕事に復帰したさくらさんの夫は、「仕事と育児の両立が難しくて、ちょっと帯状疱疹になってしまって。相当疲れているんだなと思います。どうやっていくのが正解なのかが難しくて」という状況だ。まだまだ子どもも気にかかるなか、10ヶ月ぶりに仕事に復帰するのは、夫にとっても大きな環境変化なのだろう。しかも、職場が育児に理解を示してくれるともかぎらない。

さくらさんも同様に仕事への復帰を考えているが、「復帰した後どうなってしまうのか怖い」と思っている。本人の気持ちとしては、「育児以外に（やることが）あるというのは大きい」と考え、「早く復帰をしないと、という気持ちもありつつ、保育園に入れてもいいのだろうかという気持ちもありつつという感じで動いて」いる。

目の前の問題がはっきりと解消されていなくとも、時間は過ぎてゆく。仕事も育児も不安定ななか、「それを相談する相手もいないし、それをパパに言ってもパパは自分の仕事で精一杯であんまり真剣に話を聞いてくれない」状況だ。外からの積極的なフォローもないまま、さくらさんの育児は続いてゆく。

4 母親たちの育児サバイバル

(1) 非日常が蓄積される「ふつう」

ここまでの事例を振り返ると、子どもが産まれてから数ヶ月間の慌ただしさがわかる。海外赴任の夫が戻ってきたさつきさん一家は、長男の誕生を機に、約4年ぶりに父母そろった家族の生活を送ることになる。新しい生活は、家族全員がおたがいの立ち位置と距離感を見直す日々でもあった。

ゆりさん一家では、新生児の誕生と同時に、サポートの中心になるはずであったゆりさんの母親が病気にかかってしまう。自らの母親のケアと新しく授かった命に対する母親の役割に挟まれ、ゆりさんは疲労の色を濃くしてゆく。

さくらさんの一家は、新生児の誕生と同時に子どもの病気が見つかった。呼吸器系を患った新生児は、新型コロナウィルス感染症に対して、とくに注意をする必要があった。結果として、さくらさん一家は夫婦で孤立した子育てを余儀なくされてゆく。コロナ騒動はその後もおさまらず、さくらさん一家は育児とその他の生活の舵取りにもがいている。

重要なのは、これらの出来事が、支援の対象となっているわけではない「ふつう」の家庭で起きているということだ。それどころか、第2節でも確認したように、聞き取り調査の対象になった人たちは、ほぼ全員が「幸せ」であり（非常に幸せ50・0％、やや幸せ48・6％）、「子どもを産んでよかった」（なんどもあった95・9％、時々あった4・1％）と答えた人の中から選ばれている。鳥の目で（統計的に）見ると幸せな子育ての裏側には、これだけの奮闘が隠されているのだ。「幸せ」な子育ては、「子宝」という命綱を必死につかみ取る家族により、「綱渡り的」に維持されているという事実を私たちは忘れてはいけないだろう。

以下では、綱渡り的な育児のなかで、とりわけ重要だと考えられる事柄について、聞き取り調査の結果をもとにまとめてゆこう。

(2) 何はさておき重要な夫との関係

① 夫と調整をする難しさ——聞き取り調査から——

これまでの育児を振り返るなかで、3人の調査対象者が共通してあげていたのが、夫（父親）との関係である。さつきさんはこれまでの育児を振り返って、唐突に始まった夫（父親）との同居生活と、家族の成員それぞれの立ち位置の修正が課題だと認識していた。ゆりさんは産まれた子どもと、自らの母親をケアする役割を背負いつつ、夫との関係を再編するという難題に直面していた。さくらさんは夫と、病を背負った子どものケアを分担していたものの、二人きりの育児であったため、「おたがい優しい気持ち」になれず、衝突することもあった。

新生児の誕生の影響を最も受けやすいのは、言うまでもなく直接のケア役割を担う子どもの両親である。父親、母親はそれぞれの考え方で、「子どもが産まれた」状況に対応し、関係の再編を試みようとする。しかし、関係の再編は、そう簡単ではない。手探りの育児のなか、子育て以外の課題が発生することもある。

絶え間なくわき出る課題に対して、夫婦はおたがいの立ち位置を見極めつつ、精一杯の努力を続けながら対処しようとする。しかし、おたがい「精一杯やっている」という感覚は、他方で相手の行為や気持ちの不理解につながり、対立を誘発してしまう。「ふつう」の家庭に甚大な影響を与える新生児の誕生は、まず、夫婦の立ち位置の修正を迫り、そこに苦労する家庭はことのほか多いのである。

②夫が家にいることの難しさ——質問紙調査から——

ここで全数調査の興味深い結果を報告したい。全数調査では、母親の孤独感を測る質問をしている。具体的には、「自分のことを本当によく知っている人はいない」「世の中から目を向けられていない感じがする」「自分は独りぼっちだと感じる」という質問に、「そう思う」から「まったくそう思わない」の4段階で答えてもらい、「そう思う」を4点、「まったくそう思わない」を1点とし、三つの質問の合計得点を孤独感とした。

調査対象を孤独感得点別に孤独感高群、中群、低群に分け、夫の育児参加や会話頻度との関連を見ると、面白い傾向が見られる。母親の孤独感が高いグループにおいて、父親が育児に参加する傾向が見られるのだ。

図1-4、1-5は、父親が子どもをお風呂に入れる頻度とおむつを替える頻度を孤独感別に示している。この図を見ると、孤独感高群の父親がそれなりに育児に参加していることがわかる。お風呂に「毎日」入れる人は孤独感高群で最も多く、おむつを「毎日」替える人も、孤独感高群と低群はほぼ同じである。

また、夫が育休をとっている人の比率は、**図1-6**に見られるように、孤独感高群がダントツに多い。他方、夫との会話は、孤独感の高いグループほど少なくなっている（図1-7）。

つまり、母親の孤独感が高い家では、夫は家におり、育児に参加している一方で、双方の会話は少ないのである。おたがい家にいるものの、意思の疎通はできていない。この状態は父母双方に悪しき影響を与えるであろう。量的調査の結果は、聞き取り調査の結果とも合致している。

さらにこの結果は、子育て施策を検討するにあたり重要な事実を示している。子育て施策を策定するにあたっては、単に父親の参加をうながすだけでは不十分である。聞き取り調査の三つの家庭のうち二つの家庭は、夫も育児に参加していた。量的調査の結果からは、孤独感の高い母親の家で、父親は育休をとり、育児に参加する傾向が見られた。他方、夫との会話頻度は孤独感高群で顕著に少なかった。ここから、父親が単に育児に参

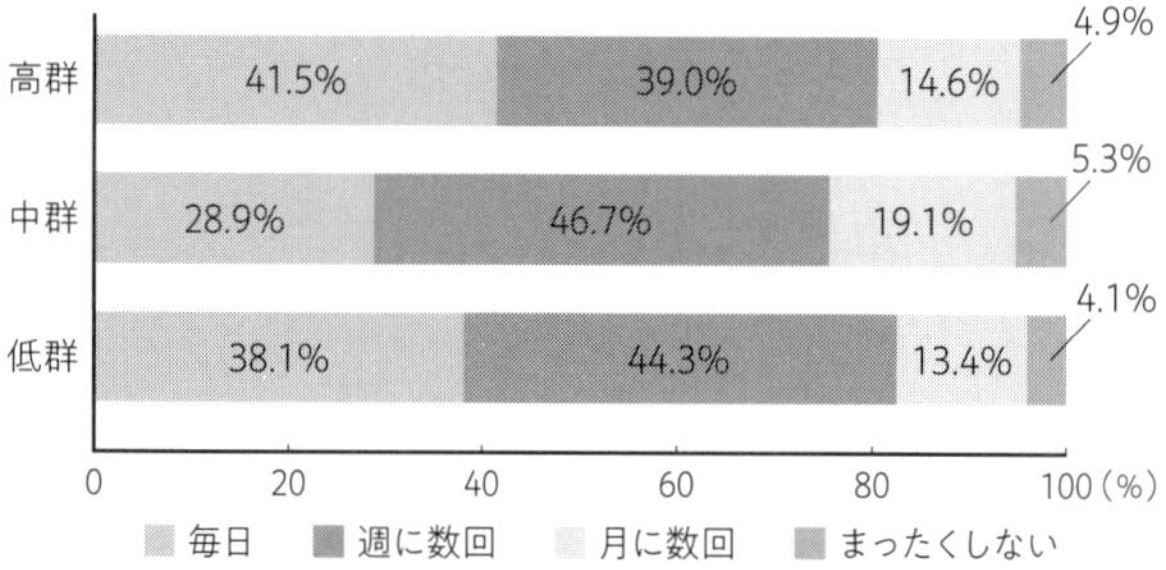

図1－4　孤独感別お風呂に入れる頻度

出所）図1－4～1－7筆者作成。

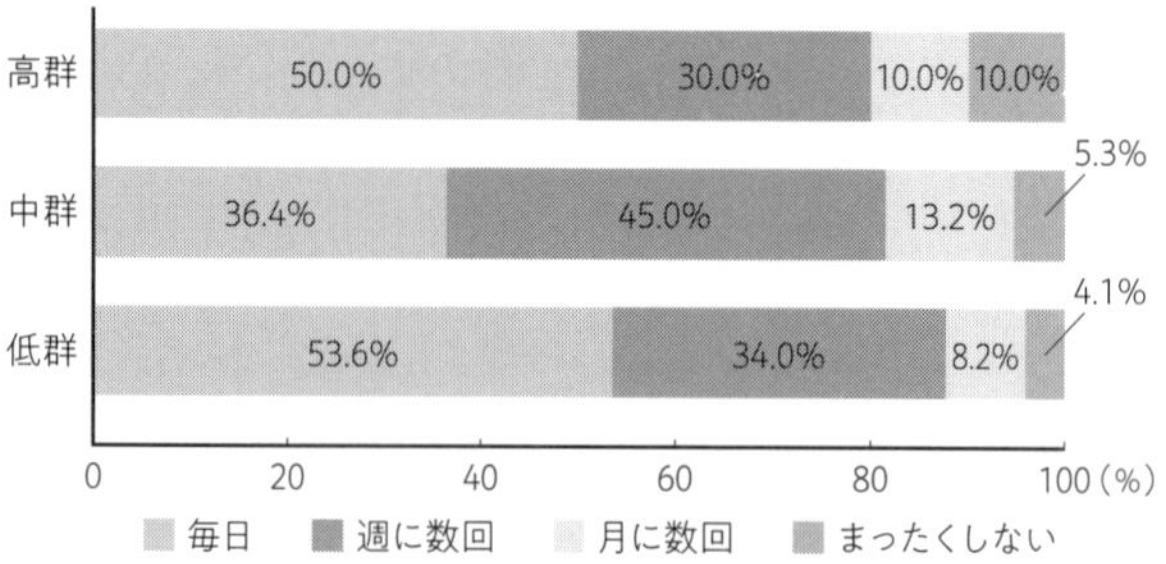

図1－5　孤独感別おむつを替える頻度

加するよりも、双方で良好な関係性を築き上げるほうが遙かに重要だと言える。

男女平等のかけ声のもと、子育て支援施策が整備され、男性の育児への参加は増えている。先行研究でも、親の家事・育児援助に頼るのが難しくなりつつあり、その分、夫の重要性が増していると指摘されている（池田 2010）。社会が個人化していけば、生殖家族とその他家族・親族とのつながりが揺らぐため、当然そうなるはずだ。

裏返すと、育児が妻と夫との閉じた関係のなかで完了してしまう可能性が出てきたのである。

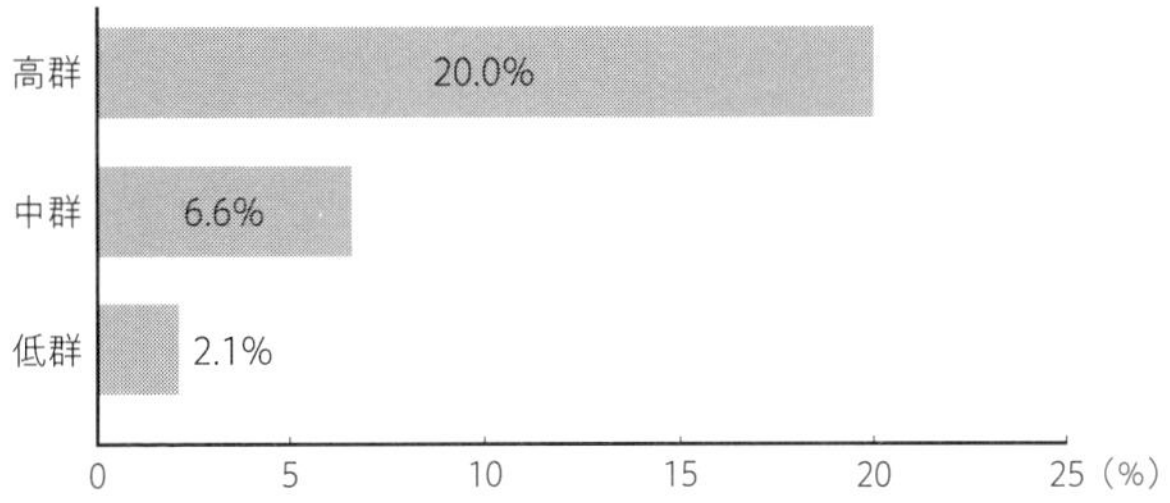

図１－６　孤独感別夫の育休の取得状況

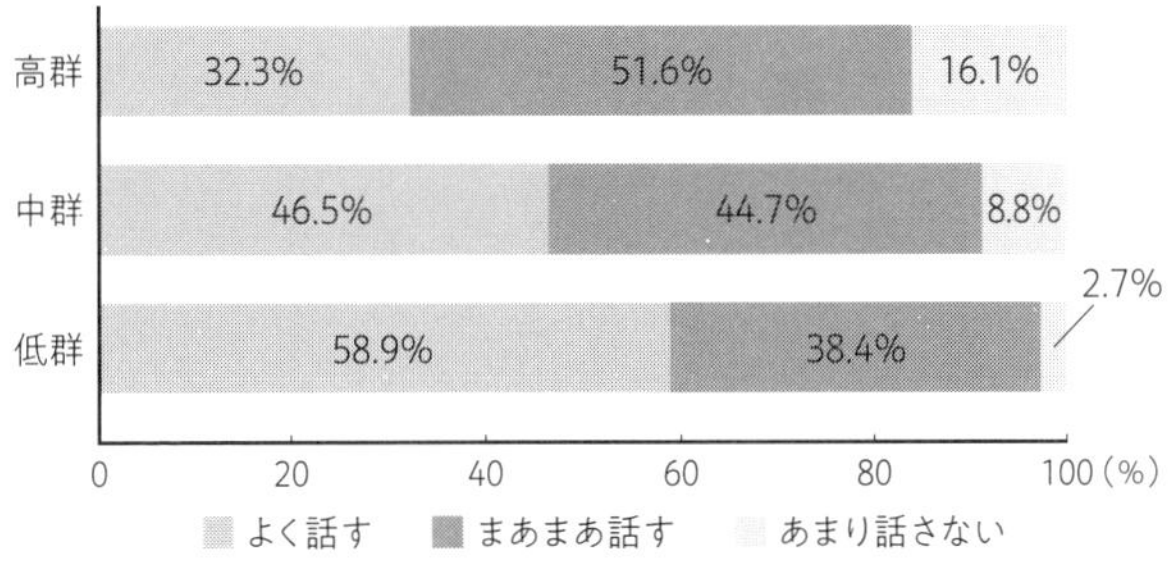

図１－７　孤独感別夫との会話頻度

そうならないためにも、家族の外に築く関係が一層重要になるだろう。

⑶ 難しい行政の支援

今回の事例は、コロナ禍での子育てだったため、友だちとのつきあいはほとんど見られなかった。その点はおいておくとして、注目すべきは、いずれのケースであっても行政の支援に結び付いていないことである。ここから行政による支援の難しさが垣間見える。

本章で紹介した「ふつう」の家庭の子育ての事例は、「子宝」という命綱を必死につかみ取る家族により「綱渡り的」に維持された「ふつう」だ。言い換えると、何かの拍子に「問題」に発展する可能性がある「ふつう」である。行政の支援は、何かの拍子に「問題」に発展する可能性がある「ふつう」に対しては、無力であることが多い。というのも、行政の支援は、何らかの「問題」が発生した人、または支援を積極的に求める人に開かれがちだからだ。

事例で紹介したように、「よく分からないし、面倒くさくなって」しまった人(ゆりさん)、「積極的にフォローして」ほしい人(さくらさん)には、行政の支援はなかなか届かない。行政が子育て支援を本気で検討するのであれば、「問題」に発展する前に支えを提供するシステムも必要だろう。その点を踏まえ次の章では、孤立した母親を支えるNPOの試みをつうじて、「問題」に発展する前の支援について考えてゆく。

5 もうひとつの事例をもとにした考察

(1)「問題」を見いだせない事例

さて、ここまで、3人の事例をもとに本章を執筆してきたが、聞き取り調査の対象は、じつは4名いる。さくらさんと同じ日の2020年7月8日に調査を行ったあやめさんである。ここまでの3名と違い、あやめさんの聞き取り調査のさいには、あまり大きな問題や心理的な苦悩は耳にしなかった。そこで最後に、あやめさんの事例をもとに、第4節であげた子育ての問題について再度考えてみよう。

(2) あやめさんのケース

① あやめさんの概略

あやめさんは2020年7月、最初の緊急事態宣言が解除されてから第一子を出産している。聞き取り調査時に、長子は11ヶ月である。あやめさんは妊娠したさいに市内に一戸建てを購入し、家族3人で住んでいる。あやめさんの実家は近隣の市にあり、あやめさんの両親も緊急の折には駆けつけられるところに住んでいる。

②大きなトラブルのなかった育児

あやめさんもコロナ禍での出産だったため、他の人と同様、「出産してからは立ち合いは出来なくて、面会もできない」状況であった。そのため、夫とは「基本テレビをつないで様子をライブ中継していた」。

当時の不安について尋ねると、「割と母子手帳通りの成長をしてくれているので。ちゃんと食べて寝てくれるので、そこまでないですけど」とそれほど大きな不安はなかったようだ。とはいえ、「外に出られないとなると、なかなか話せないことが厳しかった」と振り返っている。「なかなか話せない」厳しさはあったものの、それ以外は大きなトラブルがなく、今に至っている。

③良好だった夫とのつながり

育児のさいには、夫が「産まれて10ヶ月はテレワーク」だったため、まとまって里帰りする期間は設けなかった。「私の親的にも多分テレワークで居てくれているから、安心して任せられるというのが大きかった」そうだ。むしろ、「私も（親に）いろいろ言われるのが嫌なので、自分で出来たほうがいいなと」考えていた。

夫とのサポート関係も良好だったようだ。聞き取り調査では、夫への感謝の言葉がたびたび発せられた。いくつか抜粋しよう。

家にいてくれたので産後もすごく助かりました。一人じゃないので、もう誰かが家にいてくれる安心感。仕事をしているので、何かを手伝ってくれるわけではないですけど、家に誰かいてくれるというのは心強いですね。やっぱり何かあった時に分からないので、自分で判断してやらないといけないというと結構責任を感じますけど、そこでもいざとなれば誰か話せる人がその場にいるというのはありがたいなと思って、コロナで大変ですけど、テレワークになってくれたというのは私は結構大きかったです。

ずっと一緒に居たので、仕事はしづらかったとは思いますけど、泣いてしまったりした時は気が散ったりしてしまったと思いますけど。だいたいの様子を主人は分かっているので、成長の段階でどういう性格なのかも、ある程度は一緒に居るので、分かっているので相談もしやすかったです。そこを分かっていて相談できるので、そこを知らない人に相談するとなると、どうしてもギャップが出てしまうと思いますけど。うちはテレワークでずっと家に居てくれたので、そういった相談とかもわりと話が通じるというのはありました。

④市のサポートの積極活用

あやめさんは市のサポートも積極的に活用している。子育て中の外出について尋ねたところ、「私は性格的に家にいられないんです。外に出て人と話したいみたいな感じなので。生後１ヶ月検診が終わって、一番近くのおやこDE広場に電話して予約を取って。それからは基本的にはどこかしら外に出ていましたね」と返ってきた。コロナ禍と関係なく、出産後かなり積極的に外に出ていたことがわかる。

育児の情報についても積極的に集め、市とつながっていたようだ。情報の収集について尋ねると「全部ネットで調べて。私は電話をして聞いちゃいます」という答えが返ってきた。実際に、「(産まれて)まだ2ヶ月ぐらいで(育児が)全然分からなかった」頃に、「親子すこやかセンター」に電話をして、「うちの子をみて欲しい」と相談をしている。

この電話をきっかけに、あやめさんは月に1回「親子すこやかセンター」を訪問するようになり、「離乳食とか発達とかどうすればいいと思いますかみたいな感じでずっと相談して」いた。しかも、相談のさいには、後ろに予約さえなければ「私の気が済むまで」つきあってくれたそうである。家の外にも「信頼できる人を一人みつけて、ずっとそこに相談するというスタンス」は、あやめさんの育児の負担をかなり軽くしただろう。

夫の仕事形態がテレワークから出社形式に変わり、あやめさんも間もなく仕事への復帰を検討している。これらの環境の変化は、あやめさんたちの育児に新たな変化をもたらすかもしれない。しかし、今のところは、外部のサポートも使いつつ、あまりストレスなく子育てをできているようだ。

(3) 偶然成り立つ「ふつう」の子育て――４つの事例を比較して――

① あやめさんとその他３名との違い

あやめさんの事例を見ると、これまでに紹介してきた三つの事例とかなり異なることがわかる。あやめさんは、他のケースに比べると夫婦間の葛藤が少なく、また、自治体が提供するサポートもある程度効果的に利用している。

夫婦の関係がうまくいく背景には、もちろん当事者どうしの努力や相性などもあるだろう。しかし、今回の事例を振り返ると、それと同じくらいに「その他の事象が発生しないこと」が重要であることがわかる。もっと踏み込んで言えば、その他の事象が発生しなかったからこそ、あやめさん一家は夫婦ともに余裕をもって育児に取り組めたのかもしれない。

② 困った人に届きやすい支援を

さつきさん、ゆりさん、さくらさんに共通していたのは、相手（夫）の事情は理解できるものの、目の前の課題が大きくそこに手一杯で、相手を慮る余裕がないということであった。子育て期間に、子育て以外に生じる事象には、本人の意思ではどうにもならないものも多い。自らの母親や子どもの病気は、本人の意思でどうにかなるものではないし、夫の勤務先もそう簡単に選べるわけではない。そのように考えると、子育ての根幹である夫との関係も、偶発的な事象にかなり左右されると考えられる。

偶発的な事象に左右されるのは、夫婦関係だけではない。第二の違いである自治体が提供するサポートの利用もまた、偶発的な事象に左右される。第4節で指摘したように、自治体が提供するサポートは、何らかの「問題」があると見なされた人、または、積極的にサポートを求める人に届きがちだ。しかし、この条件をクリアするのは、そう簡単ではない。

そもそも「問題」はわざわざ起こすものではないので、「問題」のない「ふつう」の家庭にとっては、「積極的に求める」というのがサポートを受ける条件になる。とはいえ、ゆりさんやさくらさんのような状況で積極的にサポートを求めよ、というのはやや酷な話だ。

自らの母親と新生児のケアをこなすゆりさんは、それだけで手一杯になってしまい、サポートを使うことが「面倒くさくなってしまって」いる。情報を探すのは手間がかかるし、連絡をしても事情を分かってもらえないかもしれないとなると、面倒になるのも仕方ないことだ。

さくらさんにいたっては、そもそも、外に出ることすらも難しい。子どもがコロナに感染する危険を冒し、酸素吸入器をつけた子どもを連れてサポートセンターに行くというのは、現実的ではない。大変ではあるものの声を発しない人には、行政のサポートはなかなか届かないのだ。

聞き取り調査を終えたさつきさん、ゆりさん、さくらさんはいずれも、「こういうことを話せる場が欲しかった」と語っていた。そこで、「行政の相談サービスは使わなかったんですか」と尋ねると、「相談するほどのことでもないし」という答えが返ってきた。

相談するほどだと思わない（我慢する）、情報を知らない、時間がない（面倒）という理由で行政のサービスを利用しない人は多い。そもそも、「相談」というのは利用者からするとハードルが高いのである。サービスの提供者は、利用候補者が抱える三つの「ない」を念頭におきシステムをつくる必要がある。

③「サバイバル」から「幸せ」へ

聞き取り調査の結果を踏まえると、「ふつう」の人の「幸せ」な子育ては、偶発的な事象にかなり左右されることが分かる。「幸せ」な子育ては、たまたま子育て以外に大きな出来事が発生せず、たまたま夫を含むコアな関係とうまくいっている人に成り立つものなのである。

他方、子育てをめぐる「幸せ」なイメージは、この単純な事実を忘れさせてしまう。厚生労働省が提唱する「子どもを産み育てやすい社会」を実現させたいならば、まず、この基礎的な事実を頭に入れておくことが肝要だろう。子育ては令和の時代を迎えても、今もってサバイバルなのである。

文　献

池田心豪（2010）「ワーク・ライフ・バランスに関する社会学的研究とその課題――仕事と家庭生活の両立に関する研究に着目して」『日本労働研究雑誌』599：20-31。

※1　名前はすべて仮名である。また、事例については、本人が特定できないよう適宜抽象化している。

第2章 NPOが支える「ふつう」の母親たち

1 子育て支援のNPOへの着目

子育ては苦労を伴う一方で、序章でも振り返ったように、子育て支援のシステムは徐々にではあるが整備されている。血縁、地縁の揺らぎを補うべく、行政は子育て支援施策を充実させてきた。今や市町村では、「市町村子ども・子育て支援事業計画」の策定が義務づけられている。

この動きに合わせて、地域子育て支援拠点事業を整備する動きは、全国的に拡大している。地域子育て支援拠点事業の実施箇所数は、2007年の4409カ所から、2017年には7259カ所まで増えている。子ども支援を行うNPOについても、NPOカタリバがまとめたところによれば、2017年時点で2万4179団体もあり、2002年から毎年1000団体以上増え続けてきた。

血縁・地縁が揺らぐなか、NPOの役割はますます大きくなると考えられる。そこで本章では、子育て家庭の孤独・孤立の解消にあたり、NPOがどのような役割を果たしているのか明らかにする。

2 事例の紹介と調査方法

(1) 事例の紹介

本章では、NPO法人「こまちぷらす」と子育てをしている母親との関わりに焦点をあて、子育て家庭の孤独・孤立の解消にあたり、NPOがどのような役割を果たしているのか検討する。「こまちぷらす」については第3章で詳述するとして、以下では、簡単に「こまちぷらす」の活動を紹介しよう。

「こまちぷらす」は、神奈川県横浜市戸塚区で2012年から活動をしているNPO法人である。「子育てが『まちの力』で豊かになる社会」（こまちぷらす 2019：1）という理念を掲げ、地域のまちづくりと子育てを融合した事業を複数行っている。

事業拠点は、JR東海道線・戸塚駅から徒歩5分くらいのところに立地する「こまちカフェ」である。「こまちカフェ」は月曜日から土曜日の10時から17時まで営業し、アレルギーに配慮した飲食の提供、子どもも遊べるスペースの確保などをつうじて、子連れの人びとが気軽に来られるように配慮されている。また、カフェの奥にはイベントスペースがあり、日々多彩なイベントが開催されている。

気軽に立ち寄れるカフェは居場所として重要な役割を果たし、イベントや講演は育児に対する多様なニーズの受け入れ先になっている。また、カフェの来訪者は、イベントの担い手になることもある。つまり、「こまちぷらす」と母親との関わりについては、たんなるカフェの来客者としてのケースと、イベントスタッフとしてのケースなど複数ある。事例を検討するさいには、その点も考慮してゆく。

(2) 調査方法

事例の検討は質問紙調査と聞き取り調査を併用して行った。質問紙調査は、子育てをしている母親に対する「こまちぷらす」への参加の効果が分かるように、比較可能な三つのグループに実施した。第一は、「こまちぷらす」に関わったことがない人である。具体的には、ショッピングモールのキッズスペースに来訪した人に調査票を渡し、その場で回答してもらった。この群を「モール」とする。

第二は、「こまちカフェ」に初来店または2回来店した方々である。これらの人は居場所としてのカフェには来店しているものの、「こまちぷらす」のイベントに積極的に関わっているわけではない。この群を「カフェ」とする。

第三は、「こまちぷらす」の理念に共感し、スタッフとともに活動を推進している人びとである。具体的には、「こまちパートナー」「パートナーぷらす」として登録されている人に調査を実施した。この群を「こまち」とする。それぞれのグループ50名ずつに調査を実施し、150票のデータを回収した。調査を実施したのは、2018年10月である。

本章の目的は、地域に根付いたNPOが育児期の母親にどのような効果をもつか検討することである。この目的に鑑み、回答者のなかから未就学の子どもがいない人びとを除き、131ケースを分析に用いた。母親の平均年齢は34・02、末子の年齢は0歳が61・9%、1歳が16・7%である。

聞き取り調査は「こまちぷらす」の「パートナーぷらす」会員として登録し、なおかつ、子育て中の母親3人に対して行った。この3人をかえでさん、すみれさん、あおいさんとする。調査を行ったのは2019年8月20日であり、一人あたり45分ていどの聞き取り調査を行った。内容は、子どもが生まれる前と生まれた後の違い、子育て中の孤独感、「こまちぷらす」との関わり方などである。

3 質問紙調査からみる「こまちぷらす」の効果

まず、質問紙調査の結果をもとに、地域に根付いたNPOの居場所としての効果を検討しよう。具体的には、調査対象別（モール、カフェ、こまち）に孤独感および自己肯定感がどのくらい異なるのか確認してゆく。「こまちぷらす」の参加に居場所の効果が認められるのであれば、こまち群は他の群に比して孤独感が低く、自己肯定感が高いと考えられる。

孤独感は「自分は独りぼっちだと感じる」「世の中から目を向けられていない感じがする」という項目に1「そう思う」～4「まったくそう思わない」の4件尺度で特定した質問から検討する。図2

－1は「自分は独りぼっちだと感じる」に「まったくそう思わない」と回答した人、**図2－2**は「世の中から目を向けられていない感じがする」に「まったくそう思わない」と回答した人の分布をまとめている。

いずれの質問においても、こまち群で「まったくそう思わない」と答えた人が一番多く、次いでカフェ群、モール群となっている。「こまちぷらす」の活動に積極的に参加している人は、「独りぼっち」だと感じたり、「世の中から目を向けられていない」と感じる人が少ないようだ。

続いて、自己肯定感について検

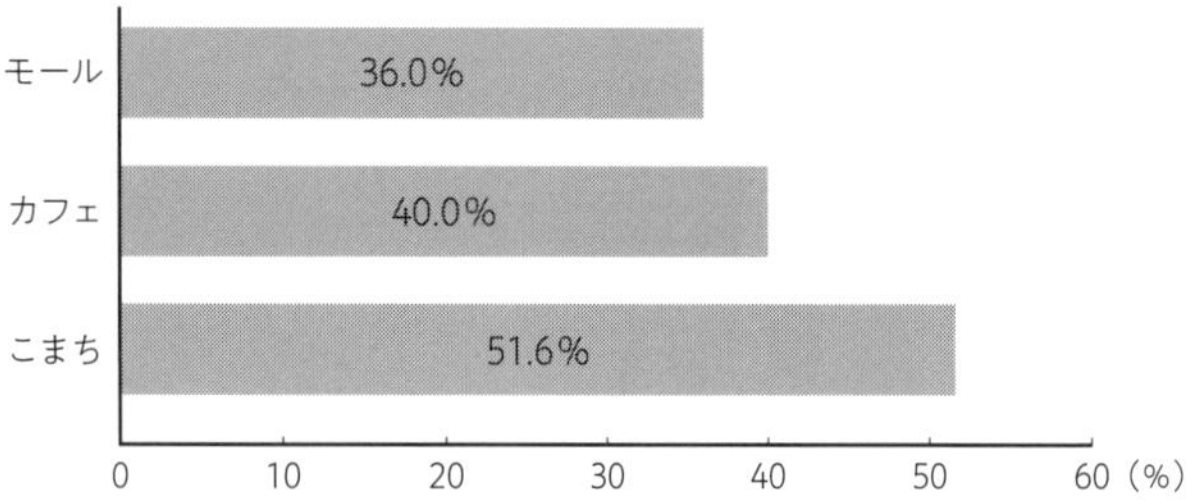

図2－1　「自分は独りぼっちだと感じる」に「まったくそう思わない」と回答した人

出所）図2－1～2－4筆者作成。

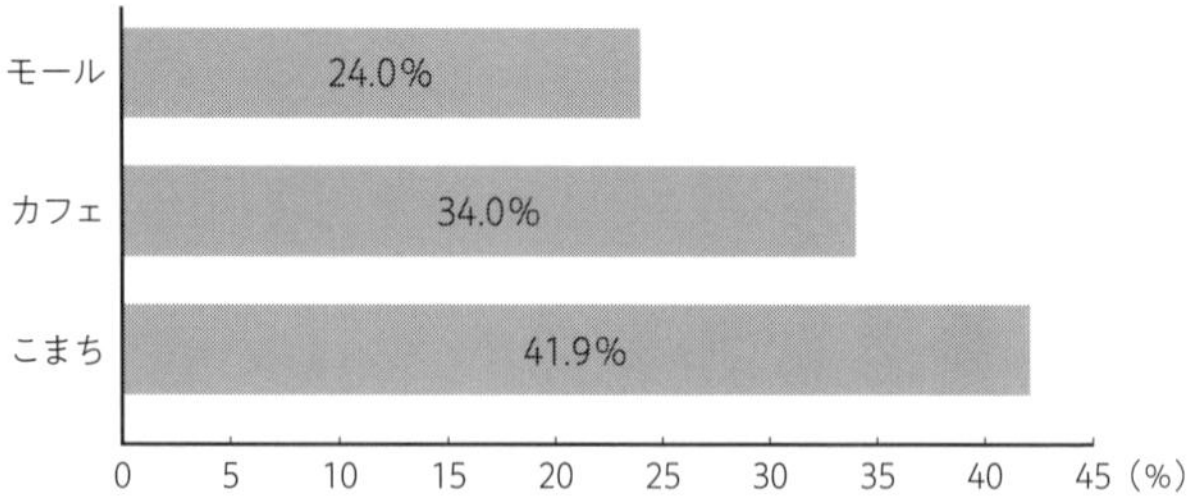

図2－2　「世の中から目を向けられていない感じがする」に「まったくそう思わない」と回答した人

討しよう。自己肯定感は「周りから必要とされている」「私は自分がだめな人間だと思う」という質問文に1「そう思う」～4「まったくそう思わない」の4件尺度で回答を得た。**図2‐3**は「周りから必要とされている」に「そう思う」と回答した人、**図2‐4**は「私は自分がだめな人間だと思う」に「まったくそう思わない」と回答した人の分布である。

「周りから必要とされている」という質問に対しては、こまち群で「そう思う」と答える人が圧倒的に多く（45・2％）、カフェ群（20・0％）とモール群（14・0％）は、あまり変わらない。

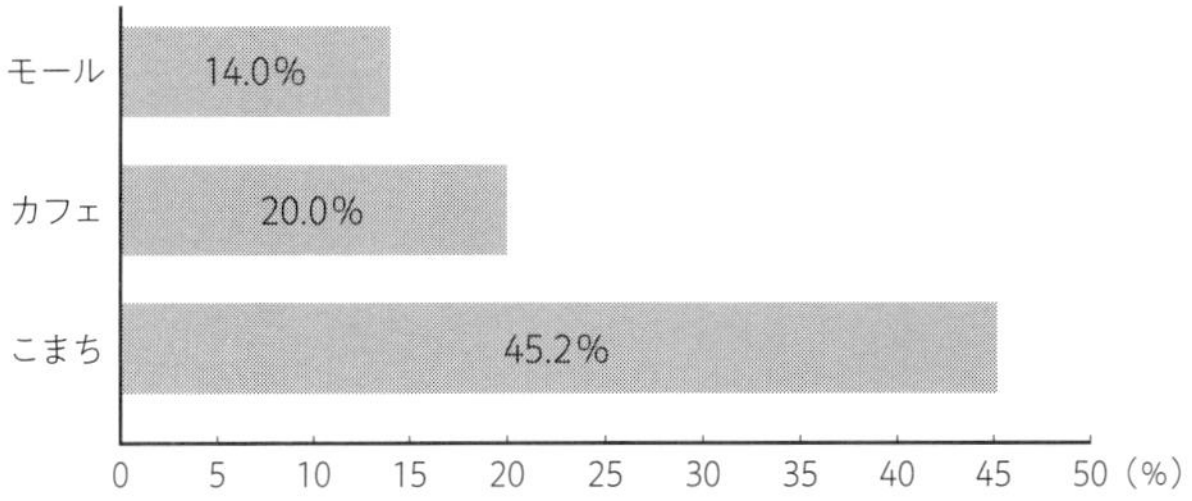

図2‐3　「周りから必要とされている」に「そう思う」と回答した人

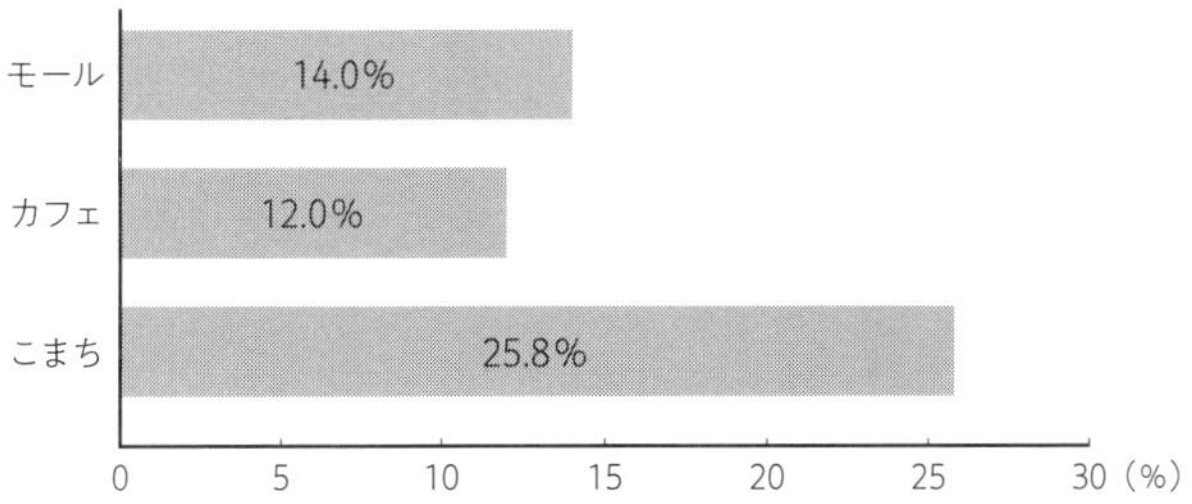

図2‐4　「私は自分がだめな人間だと思う」に「まったくそう思わない」と回答した人

「私は自分がだめな人間だと思う」という質問に対しては、こまち群で「まったくそう思わない」と答える人が多く（25・8％）、カフェ群（12・0％）とモール群（14・0％）は、あまり変わらない。

図2－1から図2－4の結果をふまえると、「こまちぷらす」の活動に積極的に参加している人の孤独感が低く、自己肯定感が高いと考えられる。この傾向は、本人の年齢、末子の年齢、居住年数、仕事の有無、本人の学歴、夫の学歴、世帯収入、育児ストレス、育児の相談先といった条件を同じと仮定し、孤独感、自己肯定感を比較した分析でも同様であった。したがって、「こまちぷらす」への参加は、子育てをしている母親にプラスになっていると考えられる。

それでは、「こまちぷらす」の参加者は、どのように孤独感を緩和し、自己肯定感を育んできたのだろうか。次の節からは、聞き取り調査の結果を用いて、「こまちぷらす」の機能をより深く探ってゆく。

4　孤立し自己否定に走る母親たち

(1) 調査対象の概要

まず、調査対象となった3人の概要である。子どもの年齢（月齢）、その他の情報は調査時のものである。[※1]

かえでさんには8ヶ月と4歳になる子どもがいる。かえでさん自身は仕事をしておらず、夫の帰宅はそれほど早くない。戸塚に引っ越してきたのは2年前で、両親は同じ県内だが1時間くらいかかるところに住んでいる。二人目の子どもが産まれて、1ヶ月くらいの里帰りを経て、ほどなくして「こまちぷらす」に関わるようになった。

すみれさんには1歳2ヶ月になる子どもがいる。夫は後述する事情があって仕事をしておらず、娘とすみれさんは自らの実家に身を寄せている。「こまちぷらす」との関わりについては、もともと同級生が活動をしており、その縁で妊娠前から足を運んでいた。

あおいさんは3歳と1歳になる子どもがいる。本人は仕事をしていない。夫の仕事は8時間きっちりで終わるそうだが、夜勤もあるため、家事・育児に積極的に関わるというわけでもない。実家は千葉県とあまり近くないが、夫の実家は車で15分くらいのところにある。「こまちぷらす」に関わり始めたのは、上の子が1歳半くらいのときである。

以下では3人の聞き取り調査をもとに、母親たちがどのように孤立し、自己否定に陥っていったのか、序章で提示した枠組みをもとに検討しよう。

(2) 出産による環境の激変

第1章の事例と同様に、本章で取り上げる3人も、出産による環境の激変を経験している。出産のインパクトはコロナとは無関係なようだ。かえでさんは、出産を「人生で一番のカルチャーショック」と述べ、その上で当時の状況について以下のように語っている。

「新生児期は大変だ」とか「眠れない」とか、字面としての情報は知っていたけれど、体感としてはわからなかった。生活リズムも違いすぎるので一言でいうと「混乱」というか。ほとんど記憶がないというか、あるけれど自分でもよくわからない状態でしたね。

「赤ちゃんが生まれる」という圧倒的な環境の変化に心身ともに追いつけない様子がうかがえる。すみれさんとあおいさんが強調したのは、身体の変化である。すみれさんは、産後について「身体の変化ですね。精神的にも。女性ホルモンのバランスってよく言われますがイライラが強かったです」と語り、あおいさんは「神経が尖っちゃって全然眠れないし、ちょっとのことでも起きてしまって」と語っている。体調不良も相まって、あおいさんは、「着るものもとりあえず着ていればいい、化粧なんて全然しなかったし、身なりには本当に気を遣わなくなりました」と半ば自己放置のような状態に陥ってゆく。

すみれさんは、この時期にもうひとつ大きな変化を経験する。「子どもが産まれて1ヶ月しないうちに（夫が）交通事故に」あってしまったのである。この事故を期に夫は長い入院を余儀なくされ、仕事を辞めざるを得なくなる。「あっちの両親は息子が事故に遭った悲しみを全部こっちにぶつけ」「実家の母からも父からもいろいろ言われ」、すみれさんは「天国から地獄に一気に落ちた」ような感じになる。

環境が変化しても、そこでサポートをしてくれる人がいれば、その後の経過も違っていたかもしれない。しかし、環境の変化は、これまで築いてきた関係性を無効化することもある。

(3) 関係再編の困難

出産まで仕事をしていたすみれさん、あおいさんは、「会社だとなかなかそういうの（育児相談）は難しいのかなって気はします」（すみれさん）、「前の職場の人とはほとんど……」（あおいさん）と述べ、これまでの関係の無力さを訴えている。かえでさんは「産まれてみると誰も教えてくれない」と語り、出産という事態に即応した関係の少なさを嘆いている。加えてすみれさんは、夫の事故により、両親、夫の両親からも責められることになる。

これまでの関係が無効化・無力化されたならば、母親たちは育児という課題に合わせて新たなつながりを築かなくてはならない。しかし、つながりづくりは、そう簡単になし得ない。というのも、出産後の女性は、情報の不足や新しい場に飛び込むことのストレスといった難題を抱えるからだ。

たとえば、かえでさんは「外に出るタイミングもなくて、というかわからなかった。産むまでは仕事しかしていなくて、地域の活動とかに参加するというのはゼロだったので何も知らず」と自らの知識のなさと情報の少なさを嘆いている。それと同時に、「初めて外に出ようと思った時に慣れない育児があるから尻込みしてしまうというか。『今日行かなくてもいいか、明日行けばいいか』と言いながらずっと行かない、という感じで」とつながりづくりに尻込みする姿勢も垣間見える。

場に飛び込むことのストレスはあおいさんも同様であり、「まず（役所のイベントに）申し込むのに区役所に電話してっていうのも自分は嫌だった」と語っている。

そもそも、自治体が開設している「母親の集い」では、関係がすでにできあがっていることも多い。そうなると「新参者」の母親は、入るのをためらってしまう。意を決して子育て支援センターに足を向けたかえでさんは、「もっと前から来ている人たちのママ友つながりというのがあって。別に向こうが何かしてくるわけではないのに、こっちが居心地悪くなってしまう」と述べていた。

すみれさんにいたっては、そもそも関係づくりの余裕すらなかった。「旦那さんの病院に毎日行っていたので子どもとなかなかちゃんと向き合う時間がなかった」ほどである。以上の事例から、どのような人であっても、関係の再編はそう簡単ではないことがわかる。

⑷ 子育て規範の存在

その一方で、不満や不安を発する機会は閉ざされてゆく。その一因としてあげられるのが、母親を取り巻く子育ての規範である。日本社会には、「子育ては幸せなもの」という幸せイデオロギーや「母親は子育てをするのが当たり前」という子育て規範が根強く存在している。こうした規範は、「子育てに苦しむ女性」というイメージを封殺し、不満を抱く母親を悪者に仕立て上げてしまう。

これについてかえでさんは、「（子育てはプラスのイメージばかりで）負の情報が世の中的にシャットダウンされているのかわからないが、リアルな情報がない」と指摘している。不安のはけ口のなさからかえでさんは、「どうしたらいいかわからない」状況に陥ってゆく。

すみれさんは近隣の人から心ない言葉を投げかけられ、一層閉じこもってしまう。「昔の人っていったら変ですけど、『そんな小さい子を外に出して……』なんて言う人がいると出づらくなる」という言葉からはすみれさんの苦悩がうかがえる。

子育て規範に苦しむのはあおいさんも同様だ。あおいさんは「子どもは私が世話を焼いて当たり前だと思っているし、主人もそうだし。街の人もみんな『子どもの世話はやって当たり前』だと思っている」と語り、周囲の無理解に苦しんでいる。

⑸ 結果として生じる孤独感と自己肯定感の低下

関係をなかなか再編できない一方で、マイナスの意見を封じ込めたままにしておけば、母親は悩みを発信し、共有するきっかけを失い、孤独感を深めてゆく。それと同時に、子育て規範を内面化した母親は、「『ふつう』の人が『当たり前』のようにできる子育てをできない『私』」を責めるようになる。

意を決して子育て支援センターに足を向けたかえでさんは、そこに通っている人たちが友だちをつくっているのを目の当たりにして以下のような気持ちを抱いた。

逆にそれ（他の人には友だちがいること）がプレッシャーになって、すでに他の人には友だちとかいるんだ、と余計に孤立してまたそういう場所に行くのが億劫になってしまったんですよね。

つながりづくりを母親の義務ととらえ、義務感がプレッシャーに転じ、焦りと自己否定を生んでしまう。この流れをかえでさん自身は「負のスパイラル」と振り返っている。結果としてかえでさんは、『赤ちゃんかわいいな』というより、何の覚悟もなく何の勉強もしないで子どもを産んでしまったということで、正直自己嫌悪というか、自分に対して自信がなくなり、正直暗い気持ちでした」と自己否定をするようになる。結局かえでさんは、「ネガティブな気持ちのまま1歳半くらいまで過ごして」いた。

夫が事故に遭い休む間もなく動いていたすみれさんは、第1章で紹介したさくらさんに近い状況だった。すみれさんに現在の状況を尋ねると、「毎日、今もきついです。自分の居場所がないです」という言葉が返ってきた。かといって外出しようとするととがめられることもあり、「そうすると閉鎖的に自分の家に籠るしかなくなっちゃう」と嘆いている。他者の「子どものために」という忠告が母親を苦しめることもある。この点に子育ての難しさがある。

子育て期を振り返ったあおいさんは、「誰と話したわけでもなく、友人と楽しい話をしたりという記憶もあまりなく、孤独だったな、と今になって思います」としみじみ語っている。身なりにも気を遣わず、半ば自己放置のような状況に陥っていた当時は、「苦しいというか、常に辛かった」そうだ。

以上の聞き取りから明らかなように、出産、子育てによる環境変化は、母親の孤独感を高め、自己肯定感を切り下げる要素を多分にはらんでいる。環境の激変とそれに付随する関係の無効化、再編の困難は、母親の孤独感を高める。不安を表明しようとしても、子育て規範がそれを阻み、彼女たちの孤独感はいっそう強まってしまう。

さらに、子育ては「できて当たり前」という規範、産前とはすっかり変わってしまった自らの姿から、彼女たちは自己肯定感も切り下げてゆく。このように苦境に立たされた母親たちは、どのように立ち直ってゆくのだろうか。次節以降では、地域のNPOとの関わりから母親たちの孤独の解消、自己肯定感の回復について検討しよう。

5 母親の孤独感を解消し、自己肯定感を高めるNPOの試み

(1) NPOの機能の概略

まず、母親の孤独感を解消し、自己肯定感を高めるにあたり、NPOがどのように機能するか概念図を用いて簡単に提示しよう（図2-5）。

図の左側は個人、すなわち母親の状態を示しており、点線を隔てた図の右側はNPOの機能を示している。図に示したように個々人の回復の過程は、大きく二つに分かれる。マイナスを脱する段階とプラスに転じる段階である。

何らかの出来事をつうじて、心身の状況がマイナスに陥った人は、たちどころにプラスの状況に回復できるとはかぎらない。その点は育児以外の現象でも同様である。強い孤独感や自己否定感を抱えた人は、まず、「負のスパイラル」と言われていたような環境を脱し、心の平穏を取り戻す必要がある。その後、徐々に外とつながる活動をし、自信を取り戻してゆけるとよい。

以下では、**図2－5**にしたがい、母親の孤独感を解消し、自己肯定感を高めるにあたり、NPOがどのように機能するか事例をもとに検討してゆく。

(2) 支援の場への物理的アクセス
――二つのアクセスの重要性①――

NPOが強い孤独感や自己否定感を抱え

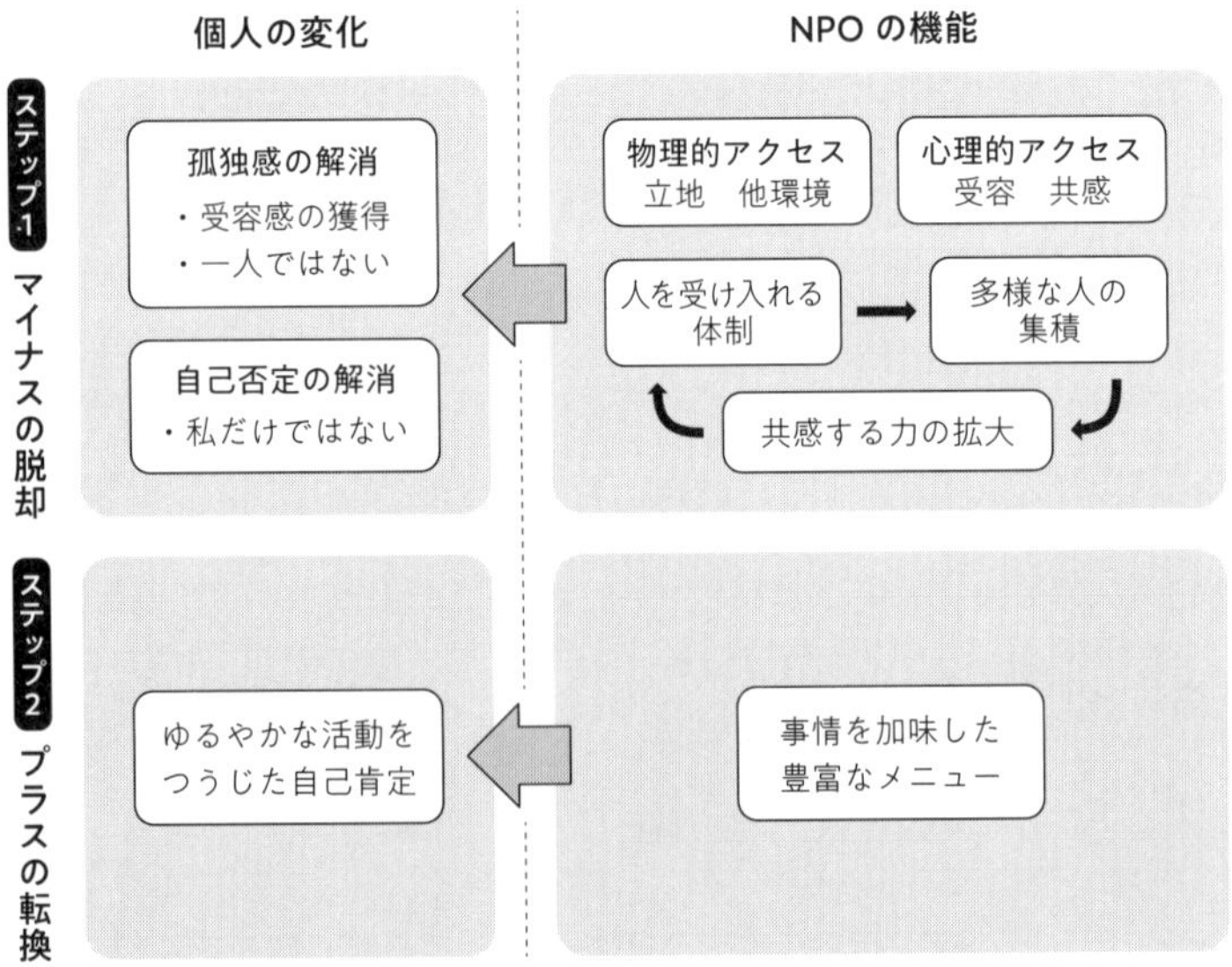

図2－5　子育て中の母親を支える NPO の機能

出所）筆者作成。

た母親をサポートするにあたり求められるのは、支援の場そのものがもつ二つの近接性——物理的アクセスと心理的アクセス——である。

①近くにあるということ

まず、物理的アクセスから見てゆこう。物理的アクセスとは、文字通り物理的な近さ、入りやすさである。孤独感を抱き、自己否定に陥っている母親に、遠方までサポートを求めるよう強いるのは酷な話だ。まして、小さい子どもを連れていると、先のすみれさんのように「そんな小さい子を外に出して……」と心ない言葉を投げかけられることもある。また、子どもが小さいうちは荷物も多く、「近くにないと。電車に乗ってどこかになんてとても行こうと思わない」（あおいさん）というのが現状である。したがって、物理的に近い場所に施設があるというのは重要な条件だ。戸塚駅からほど近い場所にある「こまちぷらす」は、多くの人にとってアクセスしやすいという点で優れている。

②相談、交流ではなく、生活に必要なものを

物理的アクセスには、単なる「近さ」だけでなくもうひとつ重要な要素がある。NPOが提供しているサービス内容そのものである。いくら精神的に参っているとはいっても、相談機関に駆け込むというのは、なかなかできないものだ。「相談機関に行く」という行為は、それ自体が、「育児がうまくいっていないと認める」行為につながり、自己否定を強化する可能性がある。また、「相談してもわ

かってもらえないのでは」という不安は、相談機関に向かう足を遠のかせてしまう。「忙しいから面倒」「わざわざ相談に行くほどでもない」と考える人もいるだろう。要するに、「相談の場」に行くというのは、多くの「ふつう」の人にとってそれなりにハードルが高いのである。

足が向きづらいという点では「交流」を基軸とした活動も同様である。かえでさんの事例に見られたように、「ママ友」をつくろうと「交流」のイベントに行ったが挫折してしまう、というケースはけっして少なくない。「友だちをつくってください」と言われると、それだけで緊張して足が遠のいてしまう人もいるのである。そもそも、関係の再編、すなわち、友だちづくりじたいがストレスになっている人もいる。

したがって、ストレスを抱えた「ふつう」の母親がふらっと立ち寄れるようにするには、物理的に近いだけでなく、入りやすくする工夫が必要である。では、どうすればよいのか。答えは簡単である。サービスの内容に日常生活に必要なもの・ことを加えるのである。飲食、生活用品の買い物、散髪などなんでもよいだろう。重要なのは、悩みのあるなしと関係なく、生活の必要を満たすために、ふらっと立ち寄ることのできる環境をつくることだ。事情はどうあれ、まず、母親たちに立ち寄ってもらわなければどうしようもない。

③「こまちぷらす」の強み

「こまちぷらす」では、子どもを気にせずに飲食できる場の提供をつうじて、母親たちが気軽に立ち寄れるよう工夫している。具体的には、食事中に子どもの見守りをしてくれるサービス、アレルギーに配慮した食事の提供をつうじて、子育て中の母親が入りやすい環境を整えている。

子ども、とくに新生児と外出するさいには、うるさくするのではないか、内装を傷つけるのではないか、おむつは大丈夫か、といった不安がたくさんある。周囲が子どもに対して注ぐ視線も必ずしも優しいわけではない。結果として行き場を失い、家にこもってしまう母親は多い。活動に参加する前から「こまちぷらす」のカフェを利用していたすみれさんは、「こういう食事もできる場所はここしかない気がする。たまにちゃんとした美味しいごはんも食べたいし、見守りの方もいてくれるので」と述べている。

カフェでの飲食がつながりに転じることもある。かえでさんは「こまちカフェ」に通うことで、近隣の人と「いきなり仲良くなりましょう、というのではなく、徐々に仲良くなることができました」と語っている。つながりづくりが苦手な人にとっては、交流とは別の次元で、ゆるやかにつながりを築いていける環境が望ましい。

物理的に近い距離にあり、食事という気軽にアクセスできる行為をとおして、安心して楽しめる場のみならず、つながりづくりの場も提供する。これにより、「こまちぷらす」は、子育て中の母親がふとしたときに足を向けられる居場所の機能を果たしている。自治体の交流イベントや子育て支援センターに足を向けづらい人が多いなか、物理的アクセスを備えた場の整備は非常に重要である。

(3) 支援の場への心理的アクセス——二つのアクセスの重要性②——

孤独感の解消と自己否定の改善に真に効果を発揮するのが、以下で述べる心理的アクセスである。物理的に近い場に食事に行ったとしても、母親の心理状況がたちどころに改善するわけではない。「こまちぷらす」には、訪れた母親が孤独感を解消し、自己否定を改善するシステムも整えられている。それが受容と共感をつうじた心理的アクセスである。

① まず、母親を受け入れる

孤独感を抱き自己否定に陥っている人びとは、ただちに活動的になれるわけではない。まず、「沈んでいる自己」を受け入れてもらえる場が必要である。「こまちぷらす」の人を受け入れる土壌については、調査対象者がそれぞれに言及している。

かえでさんは「どちらかというとオープンな感じだったと思います」と語り、すみれさんは「ちゃんとみんなが一人ひとりを受け止めている」「代表の方やスタッフさんがみんなを受け入れてくれる」と語り、あおいさんは「ウェルカム感がすごいある」「話しやすい雰囲気がとてもあります」と語っている。

② 第三者の距離感の重要性

ＮＰＯが運営する場の受容力の鍵となるのが、家族や友だちではない第三者の適度な距離感と、場に備わった共感の力である。まず、第三者的な距離感から見てゆこう。

悩みの相談相手や愚痴の発散相手というと、私たちは家族・親族や友人などのいわゆる「強いつながり」を思い浮かべがちだ。しかし、強いつながりは、つながりが「強い」からこそ、かえって気を遣い本音を言えないこともある。たとえば、あおいさんは、「ママ友」がいたとしても「（悩みを話すようには）ならないです。やっぱりそんなに深い悩みは打ち明けられない。場が暗くなっちゃうし。地元の友だちにも言わない」と語っている。

「いきなり仲良くなるという距離が近いのは私は苦手」と語るかえでさんは、「第三者的な立場のところに入ることによって、いい意味の距離感というか温度感が自分に対してプレッシャーを感じない」と話し、第三者的な距離感の重要性を率直に指摘している。すみれさんも同様に、「こまちぷらす」への訪問は、友だちづくりを求められる「公園デビュー的な緊張感とかもない」と語っている。

その場にいる人と第三者的にゆるやかにつながり、行きたいときにふらっと行けるような気軽さが、場に赴くという心理的な抵抗を和らげるのである。

③共感する力をつうじた孤独感の解消

場の受容力を担保するうえで決定的に重要なのが、その場がもつ来訪者の気持ちに共感する力である。「こまちぷらす」を訪れた母親は、「ここにいてもいい」という感覚を得た後に、同じような境遇の人に出会うことで、「悩んでいるのは自分だけではない」ことを実感し、孤独感を切り下げてゆく。

また、「みんなも同じようにできていない」「できないのは私だけではない」と気づき、自己否定も解消してゆく。

育児に自信がもてず、「負のスパイラル」に陥っていたかえでさんは、「こまちカフェ」に通うなかで、「『正直子育てに対してネガティブな感情しか持っていなかったんだよね』という方と初めて出会って、『私だけじゃなくてみんな大変な思いをしているんだ』とやっと客観的になれました」と同じ境遇の人に出会うことの重要性を語っている。それ以降かえでさんは、「自分に対して冷静になって平常心になっていった」。

すみれさんは「こまちぷらす」には、「やっぱりみんな何かしら話したくて何かしら悩みを持っている人がここには多い」と感じ、そうした方々との会話をつうじて、「そんな気持ちになるのは自分だけじゃないってわかって」と振り返っている。つらい経験をしたすみれさんは、「『いいんだよ』って言ってくれる人がいるってことは本当に救いでした」としみじみ語っている。

あおいさんは「私だけではなくて他にもいる、っていうのも大きいかもしれないです。同じ悩みを持っている人が他にもいて、同じ悩みじゃなくても違う悩みを抱えている人がこんなにいるんだ、っていうのがわかる」と述べ、共感の重要性に加えて、その他の悩みをもつ人と出会える利点をあげている。

自らの境遇を受け入れてもらい、さらに、同じ思いを抱いている人がいることを実感することで、母親たちは、「私は一人ではない」「悩んでいるのは私だけではない」と認識し、孤独感や自己否定感を解消してゆくのである。

④受容、共感をつうじた場の力の強化

さて、NPOが運営する場のもつ受容と共感の力は、それらが相互に高め合うことで、場の力をより一層強めてゆく。図2-5の「人を受け入れる体制」「多様な人の集積」「共感する力の拡大」のループは、NPO組織の好循環を概念的に表している。

NPOが運営する場の「人を受け入れる体制」が強化されれば、そこには「多様な人」が集まるようになる。多様な人が集まるようになれば、さまざまな問題や悩みを抱えた人に対応することができるようになり、場の「共感する力」が拡大する。「共感する力」が拡大すれば、「人を受け入れる体制」はさらに強化される。

このように、母親を支援する組織における受容と共感の力は、車の両輪のように、組織の力を強めてゆくのである。

(4) ステップ2　プラスへの転換

孤独感および自己否定感の解消は、たちどころに自己肯定感の回復につながるわけではない。母親たちが自己肯定感を回復してゆくには、もうひとつの仕掛けが必要になる。それが段階的に活動に参加し、社会と接点をもってゆくシステムである。

育児に携わる母親が、いきなり仕事生活に復帰するのは難しい。子どもの体調不良、不機嫌などがあって、時間どおり・約束どおりに何かをできないことも多い。とくに心の沈んでいた人は、少しずつ「活動すること」になれてゆく必要がある。「こまちぷらす」には、参加者の事情を考慮した多彩な活動メニューが用意されている。このメニューをつうじて、いったんは社会から離れてしまった人でも、気軽に活動に関与できるようになる。かえでさんは、その利点を明瞭に語っている。少し長いが引用しよう。

子育てをしていると普段社会的な場所に入っていくことがない。いきなり仕事するというのはだいぶハードルが高いので、これは私なりの解釈が含まれていますが、ちょうどいい中間というか、ボランティアなので。こまちさんの場合はすごく優しいので「やります」と言って結局子どもが体調が悪くなったとか天気が悪くて行けなくなっても「いいですよ」という小さいステップから用意していただける。

すみれさん、あおいさんも、豊富なメニューのありがたさを指摘している。すみれさんは、「いろんな悩みがあったり居場所がなかったり、友だちをつくりたかったり、何かを始めたかったり……ちゃんとした目的というか、こういう人集まれ、というのがとくに書いてあったわけではなく誰でも受け入れてくれる的な内容が書いてあった（から参加しました）」と語り、あおいさんは「何かこんな企画をしたいんだ、って考えている人がいたら、それ用のイベントがあったり。ちょっと悩みがあれば悩みを打ち明けられるような会があったり」と語っている。

ゆるやかに参加できる活動をつうじて、母親たちは徐々に活力を回復してゆく。活動をつうじて「ポジティブに変わって」きたかえでさんは、「ぷらす会員とかそういう場に出て行って『私は仕事とかこれからの人生とかを真剣に考え直そうと思っています』というのを皆さんの前で宣言することで、そこから強制的に何かを考えなければいけない、一歩踏み出さなければならないというプレッシャーを自分で与え」るまでにいたっている。

育児中に夫が事故に遭い「地獄に一気に落ちた感じ」すら抱いたすみれさんは「月一回でもいいから見つめ直すというかそういう時間が持てたらなって。いろんな人と話すことによって自分が変わったり考え方を持ったりしたらいいなと思」えるまでになった。

育児期を「苦しいというか、常に辛かった」と語っていたあおいさんは、「受け止めてくれる場所があるのは大きい」と感じると同時に、「こまちぷらす」での活動をつうじて「街と関わっている、と思うように」なった。以下の語りには、あおいさんの前向きな気持ちがにじみ出ている。

(活動をつうじて)役立ってる感が感じられるようになりました。何かお手伝いをするとみんなが「ありがとうございます!」って言ってくれるし、「すごい!」って褒めてくれるし。一主婦一人間の私のような者にもちゃんと意見を聞いてくれる。意見を言える場所。区役所とかも意見を言える場所ですけど、要求を話せて受け取ってくれる場所だなとすごく感じます。

子どもが産まれたことに混乱し、子育てがうまくいかないなか、孤独感を強め、自信を失いつつあった母親たちは、「こまちぷらす」の活動をつうじて着実に自己肯定感を回復している。子育てというキーワードを軸に多様な人が集まるNPOは、受け入れの場になると同時に、彼女たちの再活性化の場にもなっているのである。

6 子育て支援の場としてのNPOの可能性

本章は、子育て期にある母親の居場所として、NPOがどのような役割を果たすか、という点について、NPO法人「こまちぷらす」を事例に検討した。まず、質問紙調査の分析をつうじて、「こまちぷらす」に参加している人は、他の人びとに比べ、孤独感が低く、自己肯定感が高いことを明らかにした。次に、聞き取り調査をつうじて、「こまちぷらす」の活動が、孤独感の緩和および自己肯定感の高まりにどのように寄与しているのか検討した。その結果、「こまちぷらす」が子育て期にある母親を受け入れ、社会活動に送り出す中間的な居場所として機能していることが明らかになった。以下、「こまちぷらす」で得られた知見をもとに、NPOの居場所としての機能を簡単にまとめよう。

育児期は、環境が激変するとともに、関係再編の必要が生じる。しかし、関係の再編は容易でなく、母親たちは孤独感を抱きやすい。そこに、子育て期に特有の規範が加わり、孤独感はさらに高まる。

加えて、「当たり前のことができない」罪悪感から自己肯定感も切り下げられてゆく。

このような状況では、まず、マイナスの事態からの脱却が求められる。そのさいNPOは第三者として、当事者とほどよい距離感を保てるために、居場所としての機能を発揮しやすい。しかし、NPOが孤独感および自己否定を解消しうる居場所として機能するためには、二つのアクセスが求められる。物理的アクセスと心理的アクセスである。

子育て期の母親は、あまり遠くに移動することができないし、気軽にどのお店にも入れるわけではない。したがって、NPOが居場所として機能するためには、物理的にアクセスしやすい環境を確保することが肝要だ。

心理的アクセスとは、団体に備わる受容と共感の力である。第三者の視線から、欲得なく相手を受け入れ、共感する姿勢は、育児期の母親に「一人ではない」「できないのは自分だけではない」という安心感を与え、孤独感および自己否定感の解消に寄与する。

マイナスの状況からの脱却が進むと、次の段階に入る。何らかの活動に参加し、自己肯定感を回復する段階である。ここでもNPO法人の強さが発揮される。NPO法人は営利企業と異なるため、参加希望者の「ゆるやかな参加」が可能である。そのため、回復過程にある母親が、自らの状態に合わせて参加の仕方を選択し、徐々に社会とのつながりを再編してゆくことも可能だ。段階を追った社会参加をつうじて、彼女たちは自己肯定感を再度高めてゆく。

以上の知見をもとに、子育て期の母親にNPOが果たしうる役割について再度まとめよう。家族や友人などの親密性、会社などの役割性にとらわれないNPOには、第三者の視点から、母親をゆるやかに受け止められる土壌がある。そこに物理的アクセスと心理的アクセスの要素が加われば、NPOは地域の母親の居場所として強力に機能しうる。

加えて、利益の追求を第一義としないNPOは、多様な参加の仕方も認められるため、母親の段階的参加が可能になる。ゆるやかな社会参加をつうじて、母親たちは、社会で活動する力を取り戻してゆく。つまり、子育て支援のNPOには、母親の再活性化の機能も備わっているのである。

現代社会では、子育て中の母親への支援の重要性が喧伝されている。その一方で、人びとを包摂する中間集団の弱体化も指摘されている。こうしたなか、子育て中の母親に寄り添うNPOの役割はいっそう高まるであろう。

文　献

こまちぷらす（2019）『「〝まちの担い手〟がうまれるカフェ」への挑戦と拡がり　三カ年研究実践プロジェクト報告書』。
NPOカタリバ『子ども支援を行うNPO法人』（https://www.katariba.or.jp/news/2017/11/02/9881/，2022年9月12日検索）。

※1　名前はすべて仮名である。また、事例については、人物を特定できないよう適宜、抽象化している。

第Ⅱ部

子育て支援の仕組みをつくる
──居場所と横の連携──

第3章

居場所を豊かにゆらぎながらつくること——「こまちぷらす」を事例に——

1 「居場所」をつくるということ

「居場所」を運営していると、居場所の重要性は認識しているもののつくり方がわからない、事業の持続性の確保が難しい、といった言葉をしばしば耳にする。その気持ちはわからなくもない。居場所を立ち上げようと思っても、たいていはやり方がわからず途方に暮れてしまうものだ。

そこで本章では、第I部第2章でとりあげた「こまちぷらす」を事例に、居場所づくりのポイントや困難について具体的に説明し、居場所づくりの指針を提示したい。

2 「こまちぷらす」とはどんな場なのか

(1)「こまちぷらす」に込めた思い

事業の詳細に入る前に、私たちがこまちぷらすをどのような思いで立ち上げたか簡単に紹介しよう。

こまちぷらすは、「子育てが『まちの力』で豊かになる社会へ」をビジョン(図3-1)に掲げ活動をしている。組織の理想とする社会像がそのまま団体名(子・町・プラス)になっている。2023年現在、カフェ型の居場所を2カ所運営している。カフェ運営に加えて情報発信事業、地元商店会(約90会員)の事務局、大手運送会社とともに立ち上げたウェルカム・ベビー・プロジェクトなども実施している。これらの事業は、居場所を運営している過程で、「こんなことに困っている」というニーズや「やりたい」・「こんなことができる」といった想いが集まることで自然に生まれていった。

事業規模は約4600万円(2022年度実績、二つめの居場所を4ヶ月運営した状態)、収入の半分が事業売り上げ、残りの半分が寄付協賛助成金などによって支えられている。スタッフは約50人、登録ボランティア(こまちぷらすでは、「こまちパートナー」という)が約260人いる。この数字からも分かるように、こまちぷらすの事業はたくさんの人の「参加」により成り立っている。

こまちぷらすの「孤立した子育てをなくし、さまざまな人の力が活きる機会をつくる」というミッション(図3-1)には、参加に着目する想いがこめられている。もう少し詳しく言うと、孤立した子育てがなくなっていく際には、①多様な価値観や人とのつながりを自然と持てるような機会、②子育て中の人が自分の力を再認識し発揮できる機会、③子どもたちを一緒に育てることに街中のたくさんの人の力が活かされる機会、という三つの機会が求められる。これらの機会を提示できる事業があることで、子育てをつうじてまちを豊かにすることができる。

(2) 事業概要

次に、こまちぷらすの事業概要を簡単に紹介しよう。こまちぷらすの主な事業内容は、情報事業、居場所事業、多様性事業、ウェルカム・ベビー・プロジェクト、講演やワークショップの実施、商店会事務局の6つである。

情報事業は、子育て関する情報を必要な家庭に届けている。具体的には、区役所の子育て情報スペースの運営や地域イベント情報を載せるWEB版カレンダーの作成を行っている。居場所事業は、こまちカフェ、およびこよりどうカフェの運営を軸に展開している。カフェでの飲食提供、雑貨販売、イベントスペースの貸し出し、お菓子作りなどを通し

VISION	MISSION	SLOGAN
子育てが「まちの力」で豊かになる社会へ	孤立した子育てをなくし それぞれの人の力が活きる機会をつくる	子育てをまちでプラスに

図3-1　こまちぷらすのビジョン・ミッション・スローガン
出所）筆者作成。

た対話と参画の居場所づくり、お惣菜を保育園に届ける事業、就労移行支援事業所と連携した多様な人が働く場づくりが主な事業である。

多様性事業は、障がい・不登校・ダブルケアをテーマにした小規模の対話の場づくりで、それぞれ月1回開催している。ウェルカム・ベビー・プロジェクトは、2016年に大手運送会社と立ち上げた。協賛品をもとに、赤ちゃんの生まれた家庭に出産祝いを贈り、お祝いを準備する過程でまちのさまざまな主体が子育てに関わる機会を創出するプロジェクトである。講演やワークショップの実施（こまちぷらすでは、「提言啓発」と呼んでいる）では居場所づくりに関心のある方向けの講座をさまざまな地域から参加できるようオンラインにて実施している他、インターンの実施や自治体・企業からの依頼による講演の実施をしている。「とつかフューチャーセッション」というイベントを街中で開催しており、各回30～50人規模の多業種と共に、地域課題について話す場となっている。商店会事務局は、約90会員いる商店会の事務局の業務が主である。

このように法人として複数の事業を行っているが、その出発点であり、事業の柱になっているのが「こまちカフェ」（2012年スタート）および「こよりどうカフェ」（2022年スタート）である。二つのカフェは、居場所づくりの基礎になっている。

居場所とは文字どおり「(人が）居る場所」であるため、スタッフやお客さんなど場を構成する人によって場のあり方も変わる。同時に、物理的な居場所は必ずどこかに立地するため、場の所在によってもあり様・連携・収支は大きく変わる。そこで、カフェの詳細を説明する前に、二つのカフェが立地する神奈川県横浜市戸塚区についてまとめておきたい。

(3) 神奈川県横浜市戸塚区の概要

政令指定都市である横浜市の一画を占める戸塚区は人口約28万人、世帯数は約12・9万世帯、平均世帯規模は2・2人/世帯、高齢化率は25・6%であり、人口・世帯数はここ近年微増している。「2018年 首都圏版 LIFULL HOME'S住みたい街ランキング」の〝買って住みたい街ランキング〟1位に選ばれたこともあり、住みよい町と認識されている。

東京駅まではJR東海道線を使い40分ほどであり、渋谷駅や新宿駅までも直通電車が運行している。都心への交通利便性があること、駅周辺に商業施設やお店が多数集積していて生活利便性があること、駅から離れた地域には閑静な住宅街や緑・公園が多く農業も盛んであること、といった多様なニーズへの対応力が人気の背景にある。また、宿場町として栄えたため、昔から住み、商売を営んでいる人も多い。

他方で、NPO活動や市民活動も盛んである。JAGES健康とくらしの調査2019によると、ボランティア参加者割合は19・2%(横浜市平均16・6%)、ソーシャル・キャピタル(助け合い)得点は196・9点(横浜市平均194・3)と高い水準である。

駅前には子育て支援拠点もあり、支援拠点を中心として形成された子育てに関する団体どうしのネットワークも存在する。商店会の活動も活発で、複数の商店会が連携してお祭りを開催するなど、地域を活性化するためのハブとなる人の存在や施設が複数あるのも特徴だ（横浜市戸塚区福祉保健センター 2022）。

こまちカフェは、戸塚区の中でも最も大きい戸塚駅（一日あたり乗車人数約8・5万人）の西口から徒歩7分、こよりどうカフェは戸塚駅東口から徒歩5分のところに位置している。立地の特性を反映してか、二つのカフェへの来訪者は徒歩圏内に住む人が大半である。とはいえ、遠方の方（区内、市内、県内、県外、海外）の来店がないわけではない。遠方からの来訪者の存在は、身近に子連れで安心してゆっくりとご飯を食べられる場が少ないことを示唆する。

それぞれの居場所は商店会に属しており、こまちカフェでは2016年から、約90会員いる商店会（戸塚宿ほのぼの商和会）の事務局をつとめている。駅近くの近隣施設（地域子育て支援拠点、男女共同参画センター、図書館など）や企業、商店との連携によって可能になる事業も多数あり、そうした事業の背景について尋ねられることもある。裏返すと、多様な事業を支える背後には、こまちぷらすや居場所の力以上に、地域にもともとある連携体制やネットワーク、それぞれの団体・商店・法人のもつ「地域を面白く楽しくしていこう」という熱意や想いがあることが大きく影響しているのであろう。

後ほど記載するが、本書の共著者でもある早稲田大学石田光規教授と共同で実施した調査、「居場所の参加に関する調査」（2023年2月）においても、全国で居場所を運営する13団体を対象にアンケート調査を実施したが、居場所の活動に関わろうと思った理由について「誰かからの後押し」をあげた人が最も多かった。こまちぷらすも同様で、さまざまな連携体制・ネットワークがある地域で誰かが居場所の存在や活動について話題にしてくれているからこそ、現在の居場所の豊かな参加と活動がある。こうした地域文化をつくってきた沢山の方の力と、この地域が辿ってきた歴史がこまちぷらすの事業のあり方、居場所のあり方、継続に大きく影響していることをここで特筆しておきたい。

3 ふたつのカフェの概要――こまちカフェとこよりどうカフェ――

(1) こまちカフェという居場所

① 居場所が「居場所」として機能するために

こまちカフェは戸塚駅からほど近い2階建て雑居ビル2階にあり、120㎡の広さを持つ。家賃は約21万円の賃貸物件である。もともと二つの大きな部屋（事務所）だったところを複数の部屋に改装し、飲食の提供・雑貨販売・イベント・お菓子の製造・働くスペース（事務所）として使用している（図3-2）。

小さな空間にたくさんの機能を詰め込んでいるが、そこにも意味がある。狭い場で多様な事業を運営することにより、ボランティアメンバーが好みに応じて関わりたい事業を選び、移ることができるようになるのだ。たとえばカフェスペースで実務にあたっていた「こまちパートナー」（ボランティアメンバーの方々）がお菓子の工房の様子をみてお菓子部門にも関わるようになることがある。また、子

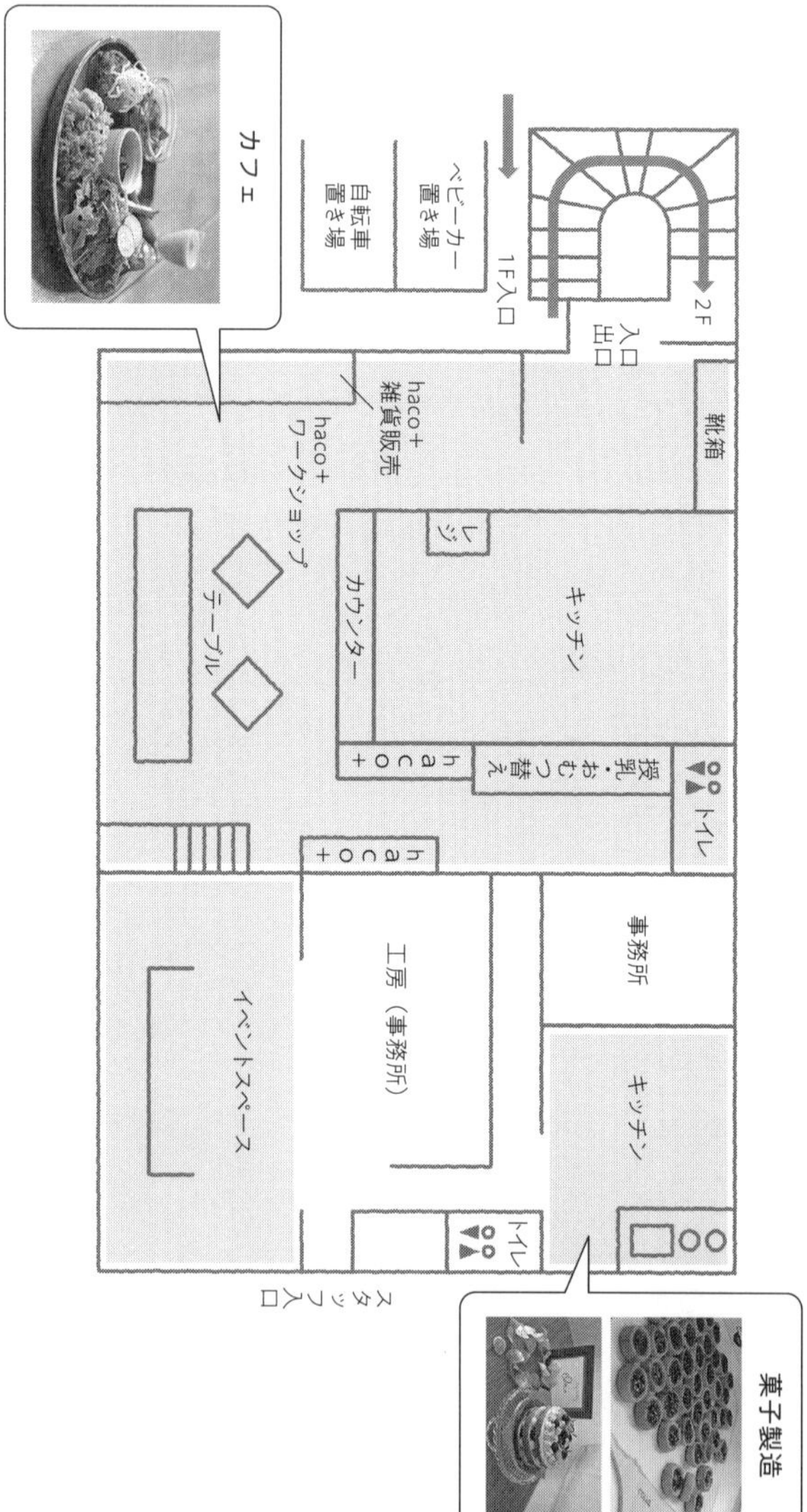

図3-2　こまちカフェのレイアウト

出所）筆者撮影。

どものライフステージに合わせて関わりの範囲を変える、といったこともスムーズに行える。

行政が運営する施設は、その施設が対象とする範囲や支援の目的を決めざるをえない場合が多くある。それに対しこまちぷらすは参加者が状態に合わせてやりたいことを選ぶことができる。出産を機に一時的に休職したり、離職したりすることで、新たな自分と出会い、人生を歩みなおす時間を求める人もいる。そうしたときに「私ができることはなんだろう」「私がやりたいことはなんだろう」と考えつつ、様子を見、動くことのできる空間があれば、混とんとした時間は少なくなる。居場所を設計する際には、自分と出会い直すプロセスを誰かと共に考えられるための空間と要素を取り入れることが大事なポイントである。

②こまちカフェの三つの事業

こまちカフェの主たる事業は「飲食」「雑貨販売」「イベント」の三つだが、それぞれに特徴がある（図3-3）。

飲食の特徴はいくつかあるものの、一番大きなポイントは「見守り

図3-3　カフェ，雑貨販売，イベントスペースの様子
出所）こまちぷらす撮影。

の方」がいることだ。平日のランチタイムには、学生からご高齢者まで幅広い年齢の見守りボランティアがいて、カフェに訪れた赤ちゃんを抱っこしたり子どもたちと遊んだりしてくれている（図3-4）。それゆえ来店者は、子どもが一緒でも、ゆっくりと両手で、あたたかいご飯を食べることができる。

子育て中の人は、たいてい、いつ何時でも緊張が途切れない。だからこそ、「誰かの目がある」なかで、また、子どもが周りに迷惑をかけるのではないかと心配する必要がない環境で、自分の食べ物に安心して集中できることのリフレッシュ効果は高い。集中してしっかり味わえるだけで、母親や父親という役割から離れ、一人の人に戻る感覚を得られる。自分自身の存在が子育てや誰かのケアでかき消されたような感覚になっても、そうした一瞬が数ヶ月に1回でもあることで自分がそこにいることを実感できる。そんな一瞬を子育て中は無意識に必要としているのではないかと思う。

「子育ての孤立」という一言で言い表せられない感情に「自分が見えなくなっていくことから生じる不安定さ」がある。その不安を脱し、自己を取り戻す時間を支える見守りは、子育てから生じる緊張感の緩和に大変大きな役割を果たしている。

夏休みなどの長期休みになると、ボランティアやインターンをつうじて高校生や大学生の関わりも

図3-4　見守りスタッフの様子
出所）こまちぷらす撮影。

増える。親になるまで小さな子どもの面倒を見る機会も少ない中で、SNSでは子育てに関するマイナスな情報を目にすることが多く、不安になる学生も少なくない。見守りボランティアを経験すれば、ほっとしている表情の子育て中の方々や楽しそうに遊んでいる子どもや愛らしい赤ちゃんを間近に見ることができる。情報だけが先行して不安が増強する時代だからこそ、リアルな自分自身の体験と体感で子育ての面白さを実感できる時間をつくることが重要だと思う。

飲食においては、地元の農家さんから仕入れたお野菜をメインに、卵・乳製品・小麦粉・肉などを使わないメニューを開発していることも、もうひとつの特徴となっている。あるスタッフが子どもにアレルギーがあるとなかなか外食ができず、仮にできても一人だけ別メニューを選ばないといけないという話をしてくれた。その一言から子どもがアレルギーをもっていてももっていなくても同じメニューを選べるようにしようと、すべてのメニューを卵・乳製品・小麦粉フリーにすることになった。それ以降、ひとつひとつのメニューは季節ごとにそのときの旬な野菜にあわせて開発をしている。その際、毎回皆さんに感動をしてもらえるよう味・デザイン・色合い・盛り付けになるようスタッフが相当な時間をかけて検討している。時間をかけて検討したメニューを提供することで、「お母さん向けのごはん」ではなく、「私が食べたいごはん」を自分のために食べられる時間を実感できるようになる。

次に、「雑貨販売」である。雑貨販売は、40人弱の作家(ものづくりができる方々)が自宅や工房などでつくった手づくりのものを販売できるという仕組みである。その際、就労・不就労といった0か1

のようにならない働き方の実現や、自己表現の場として雑貨販売を位置付けている。また、作品の購入という機会があることで、ランチよりも気軽に立ち寄れる環境を作り出し、「ものづくり」を通した人と人、人と情報、地域と地域のつながりの創出にも結びついている。

最後に、「イベント」である。こまちカフェにあるイベントスペースではこまちぷらす主催のイベントもいくつか実施しているが、基本的には地域でさまざまなスキルや想いを持った方に定期的に貸し出す空間となっている。ゆえに、イベント実施者のスキル発揮の場、起業応援の場にもなっている。

そのほかにはお菓子の工房もあり、さまざまな焼き菓子やケーキをつくっている。他の事業に比べると、工程や事前計画をつくりやすく、制作からシール貼りまで業務の切り分けができる。そのため、たくさんのボランティアが関わっている。ものづくり、とくにゆるやかな協働作業があるものづくりには、大きな可能性を感じられ、その理由は第4節(2)のあたりで詳しく記載しよう。

(2) こよりどうカフェという居場所

「こよりどうカフェ」は2022年12月に、400年の歴史のある善了寺というお寺の境内にあるお堂をお借りしてオープンした。店名には、小さな（こ）ヨリドコロ（より）をまちの中に増やしていくという思いがこめられている。自分たちがヨリドコロとなるだけでなく、まち中に「小さなヨリドコロ」が増えていくようにという想いがあるためさまざまな連携を大事にしている。

見守りつきランチや地元農家から仕入れた卵・乳製品・小麦粉・肉を使わない料理という点におい

てはこまちカフェと共通しているが、加えて近隣の保育園と連携したお惣菜のお届け事業も始めている（図3-5）。

働きながら子育てをしていると、家と職場の往復になり地域の情報や人との接点が一気に少なくなる。困った時に自分一人または家族だけでなんとか頑張ろうとする人も多い。お届け事業では、保育園への配送をつうじて、お惣菜とともに、働きながら子育てをする中でのちょっとした息抜きの時間と地域の情報を届けることを目的としている。

注文をしておけば（オンライン決済）、仕事帰りに保育園にいくとカフェからの手づくりのお惣菜とおにぎり（2023年5月時点）が届いているため、その日は子どもと話すことに集中でき、自分自身も身体を休めることができる。

今後は、同じ敷地内に高齢者のデイサービスや、近隣に保育園が多い環境を活かし、地域の中で交わることが減ってしまったさまざまな主体が多世代でゆるやかに出会い、共にいる場を作っていきたいと考えている。コロナ禍があけて間もないため高齢者との交流はスタートできていないものの、2023年5月現在、就

図3-5　こよりどうカフェの様子

出所）こよりどうカフェ HP（https://coyoridocafe.com）より。

労移行支援事業所と連携し、週に1回施設外就労の場として利用者2名がこよりどうカフェのキッチンで一緒に働く事業を始めた。さまざまな関わりの中で子どもたちが育っていくまちを目指してゆきたい。

薄い紙を「紙縒《こよ》り」にすることでほんの少し強くなるように、一人ひとりにできることは小さくても、一人ひとりは弱いままでも、一緒にやることでできることがひろがる。こよりどうカフェのマネージャー大塚朋子は、コンセプトと名前にそんな思いをこめてスタッフとともに事業を立ち上げた。開始にあたっては320人を超える方々から約240万円のご寄付を頂戴した。その名前のように、小さな安心がさまざまな形でまちのあちこちに増えていく景色と、子どもたちが育ち大人たちが老いていくことをたがいに安心して楽しめるようなまちを思い描きながら、今後も運営をしていきたいと考えている。

4 子育てをつうじたまちづくりへ――参画のデザイン――

(1) 私の体験と想い

① 不安だった子育て

第3節で示した通り、こまちぷらすにおいて大事にしていることは、参加の機会や参画のデザインをしていくことである。こまちぷらすを立ち上げた理由もそこにある。

私には現在高校生と中学生になる2人の子どもがいる。16年前に初めて出産し子育てをはじめたときに、いろんな意味で途方にくれた。自身を縛りつけていた「子育てはこうでなければいけない」という「べき論」や、あるべき理想と思うようにできない現実とのギャップ、日中誰かと天気以外の話をしたいけどその誰かにどこでどう出会えるのかが分からない戸惑い、「自分自身がどうしたいのかが大事」などと書籍やネットに書いてあってもそれが分からないもどかしさ。

当時は家にテレビもおいていなかったため産後直後、耳に入ってくるのは子どもの泣き声と微かな動きであった。緊張感が常にあり、夜泣きにより睡眠が不足し、ベッドに寝かしたら泣いてしまう子どもをずっと抱っこしていた。窓の外を眺めていると、気持ちが空っぽになり涙があふれてくるけれど、その理由は分からないという時間が何度もあった。しかしながら、家族や支援機関に相談する・話すといった発想はなく、ただイライラしたり悲しくなる時間を積み重ね、その感情を抱いてしまう自分はなんてダメなんだろうと責め立てていた。

ようやくネットで見つけた場所は自宅から1時間以上離れた場所にあった。当時はエレベーターもなかったため、重いベビーカーを担ぎつつ、その場まで電車を乗り継いで行き、結局誰とも話さず、かえってむなしい気持ちになって帰ってきた。地元の広報誌で童謡を歌う会を見つけ、足を運んだこともあった。この会は、私以外は全員ご高齢の方だった。入口で買った童謡の本と楽譜を手に口パクで歌い、誰とも話さず帰ってきた。

私の状況は一般的にみると、どこかに「ちゃんと外出できている大丈夫なお母さん」だが、世の中で理解される「大丈夫」と「実際に困っている」との差が大きいことを痛感する。子どもの成長に伴うたくさんの驚きや楽しい時間や面白い時間もたくさんあったので、こうしたいろんな感情が混ざった時間をどう表現したらよいかが正直分からなかったし、今もどういうことだったのかを探している。

② 一筋の光明

この状況から抜け出せたのがまさに本節のテーマでもある「参画の機会」に出会えたからだ。あるとき、私が住む区で、地域子育て支援拠点をつくるので意見をだしてくれる市民を募集するというチラシを見かけた。藁をつかむような感覚で応募をし、毎月、設立のための会議に参加するようになった。今の困りごとや思っていることが、そのまま今後の構想づくりの参考になると言ってもらえたことで、安心して話すことができ言葉が出てきたのを思い出す。

同世代の母親から40代、50代、60代の支援活動をしてきた方々、行政の方などさまざまな立場の人の子育てについての話を聞きながら、子育てといってもいろんな価値観いろんなアプローチがあることを知った。そこから徐々に、自分で自分を縛っていたマイルールをおろすことができるようになった。

会議中には、まだ数ヶ月だった娘を皆さんがかわるがわる抱っこしてくれた。自分の娘が誰かの腕で抱かれてにこにこしている状態を見て、「頑張らないと」と考えていた肩の力が抜け、少しずつ周りを頼れるようになった。この会議が月に1回あるだけで、それ以外の1ヶ月の育児、子どもと向き合う時間の質がまるで違うものになり、どんどん楽しさ面白さが増えていったのだから不思議だ。「参画によって得られる力」を私自身この場で大きく感じた。

振り返ると、①何もできないと思っているときにちょっと役に立てたと思える機会があったこと、②その過程で多様な価値観に自然と触れられたこと、③同じ空間で安心して自分の赤ちゃんを誰かと一緒に見てもらえる時間があったこと、の三つが自分に力を与えてくれたと思っている。

③こまちカフェ開設へのヒント

新たな施設をつくることに一市民として関わらせてもらうという体験は、何十年に一回しかないかもしれない偶然である。そこで私は、本来ならばそのような機会は誰にとっても身近にあり、いつでも選択できることが理想だと考えた。子どもたち世代が大きくなったときには、自分と同じような思いをする人がいなくてもいいような社会にしたいと思い、日常生活に当時考えた仕組みを埋め込んでいける方法を模索するようになった。誰もが参加でき、子育て中の家事育児がそのまま強みとして活かせる見守りつきのランチのあるカフェの構想は、そうした経緯から生まれた。

私自身の体験を振り返ると、参画のハードルが低かったこと、子連れでもできた・子連れだからこそできたこと、自分が動ける環境であったこと（時間の長さ、時間帯、場所など）、子どもの体調不良などがあっても安心して休めて他の人たちがカバーしてくれた、などの条件がそろったから参加できたのだと思う。参画の場をデザインするにあたっては、①入口の多様性、②関わりの濃度・頻度、③入りやすく出やすい（安心して自己決定できる）ことが重要なのである。

(2) どのようにして想いをデザインしたのか

想いを具体化するにあたり、こまちぷらすでは2016年から2018年まで日本財団の助成を受けながら、中間支援のNPO法人CRファクトリーの伴走支援を受けた。伴走支援をつうじて、こまちぷらすが実施する「参画のある居場所」でおきていることを体系化していった。図3-6が、その概念図である。

この図は、左端の「無関心層」から右端の「まちの担い手層」にかけて、徐々に関わりの頻度が高まるよう配置されている。

カフェにくる前の「無関心層」は、徐々に興味をもってカフェに足を運び、愛着をもって場に通うようになる（愛着層）。その後、さまざまな活動を「主体的」に始め、その結果「ま

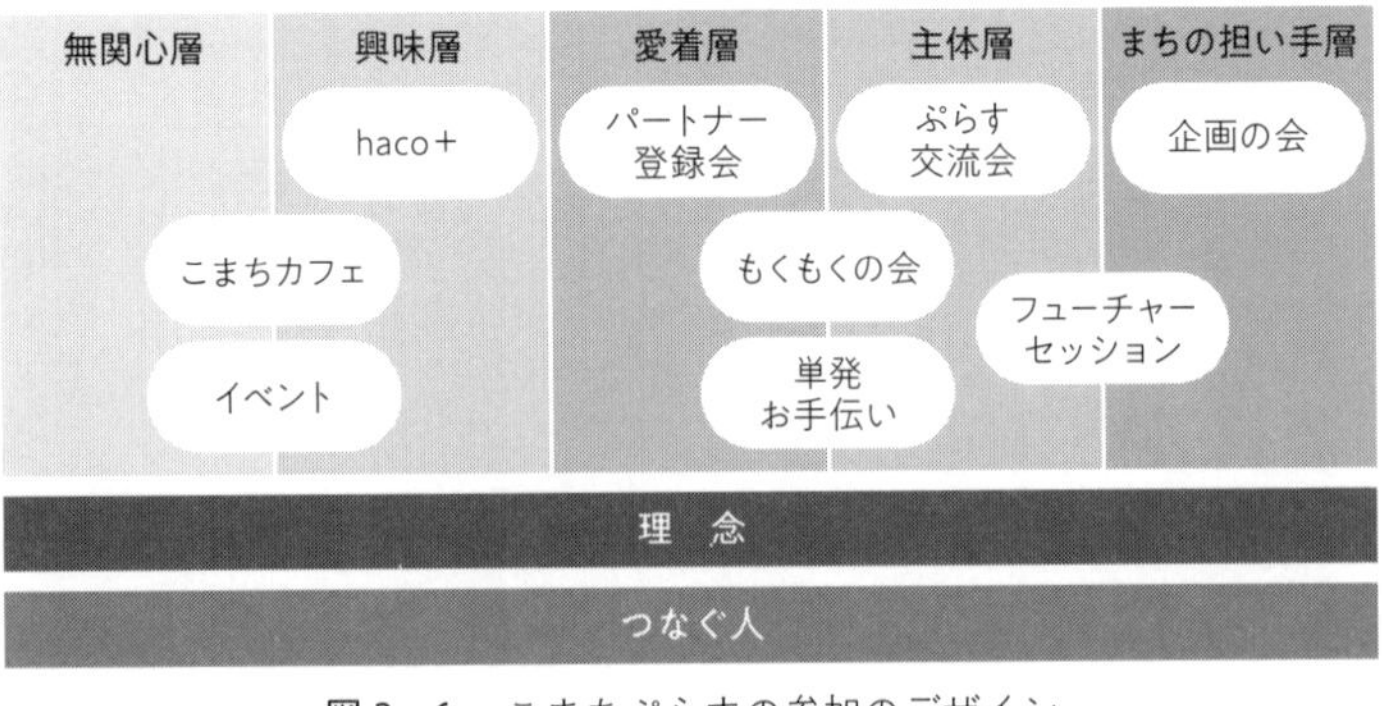

図3-6　こまちぷらすの参加のデザイン

出所）筆者作成。

ちの担い手」として活躍する人が増える、という構想になっている。とはいえ必ずしも左から右に一方向的に進むわけではなく、各人が団体や地域との関わりを考慮しつつ、選びやすい状況にしている。参加した人が出入りをしやすくするために、基盤にある「理念」が「つなぐ人」をつうじて共有されることが重要になってくる。

図中央の「(こまち) パートナー」についても簡単に説明しよう。パートナーとは、こまちぷらすの理念に共感し、自身の「できる」や「やりたい」を模索し、掛け合わせながらスタッフと共に活動を推進していているボランティアメンバーである。２０２３年５月現在約２６０人以上が登録している。毎月2時間ほどの登録会を開催しており、そこでビジョンや事業を共有する。スタッフと、登録したいと思っているボランティアの方がおたがいをよく知るための場にもなっている。

以前このこまちパートナーに調査をしたところ、参加当初は5割以上が「何かやりたいが何をしたいかは分からない」、3割の人が「漠然としたやりたいことがある」という状態であった。裏返すと、明確にどんなことをしたいか思い描いている人は、たったの1割だったのである。この調査結果を踏まえ、パートナーの方々が単発で参加できるボランティア依頼を、ＬＩＮＥなどを通して発信し、もくもくと作業ができる「もくもくの会」などの場を不定期に設定している。

このほかにも、自分自身と向き合ったり学んだり仲間づくりをするための「パートナーぷらす会」も開催している。パートナーぷらす会はパートナーどうしがつながる連続講座のようなもので、交流会や研修会を組み合わせながら半年の間、月1回集まり学びあっている。そこで企画を立ち上げたいという場合には、企画を後押しするような場を設け、まちの課題について知りたい場合には、先述のフューチャーセッションという対話の場も用意している。

以上のように、カフェの場でスタッフが意識して声を拾い、さまざまな参画の場をつくり、相互研鑽や学びの場を設計することで、「対話」と「出番」があちこちにうまれ、頼り頼られる関係が見られるようになってきた。260人の登録ボランティアが常に活動しているわけではなく、常時何かしらともに活動をしているのは30～40人ほどである。自分が今できることを、できるタイミングとできる内容で行えるような心地よいペースをつくり、参画のグラデーションをつくっていくことが、入りやすくお休みしやすい環境を生み出す。ゆるく選べるというのが、場づくりにとって大事なキーなのである。

5 こまちぷらすが「居場所」として機能するまで

では、どのような経緯でこまちぷらすは、前節で取り上げた機能をもつに至ったのだろうか。当然ながら初めから多様な事業ができたわけではない。そこで、本節では、居場所が「居場所」として機能するまでの困難、設立の経緯について率直に語ってゆこう。

⑴ 手探りから始めて

こまちカフェを立ち上げたいと思った原点は第４節⑴に記載したとおりである。とはいえ、私は実際にカフェで働いた経験も、経営をした経験もなく、想いをどう具体化したらよいのか分からないまま、一度仕事に復帰した。しかし２０１１年の震災のときに「いつかやろうと思っていても、明日が突然なくなってしまうかもしれない」と思い、これまでの想いをどのように実現できるかを真剣に考えるようになった。平たく言えば後悔したくなかったのである。悩んだ末、仕事を退職する決意をし、ママ友５人に声をかけ、２０１２年２月に立ち上げたのが任意団体こまちぷらすだった。

ご縁をいただき、２０１２年３月からとあるカフェのワンデーオーナーとして、週に１回間借りした場所でカフェをスタートすることができた。その後、移転の失敗なども経て、２０１３年４月には戸塚駅東口に１年限定の条件つき（再開発のため取り壊し予定の場所）で常設のカフェをオープンすることができた。１年で出なければいけない物件だったため、入居してすぐに次店舗の物件探しと資金調達（８００万ほど）を開始したものの、組織運営がたちゆかなくなり、スタッフも半分ほど辞め、一度お店を数週間閉めて再出発しなければいけない状況になった。力不足と情けない気持ちでいっぱいだった。この状態を二度と繰り返してはならないという気持で、組織の運営方法や自分のあり様、居場所としてのあり方を見直した。

このときの経験と教訓がその後に活かされ居場所としての継続と、そこから生まれる数々の連携事業につながっていった。現在も居場所を立ち上げようとしているたくさんの方々と話す機会があるが、答えはどこにもなく自団体の組織のメンバー、自分自身がどうありたいか、などを繰り返し動きながら考え、自分たちなりの居場所のあり様・雰囲気・規模感・スタイルにたどりついていくのだと思う。ただし、こまちぷらすとしての失敗談や直面してきた困難をどう乗り越えたかの経験談が何かのヒントになるのであればと思い、書き留めておく。豊かな関わりが生まれるカフェ型の居場所をめざした一事例として読んでいただけたら幸いだ。

(2) 場所をめぐる困難――居場所として機能するまでのさまざまな困難①――

① 場をめぐる初期の困難

先にも述べたように、私たちの最初の店舗は、隣の区の駅前にあるカフェを間借りしてスタートした。起業を応援する講座があり、その講師だった人が声をかけてくれたことで最初の一歩を踏み出すことができたのである。その結果、私たちはリスクを最小限に、自分たちがつくっていきたいコンテンツにしっかりと時間をかけることができた。一方、原状復帰の負担が回を重ねるごとに増え、さらに、毎日スタッフが変わっていたため、なかなか場への愛着が生まれにくいと感じるようになった。場と人はセットだとそのときに痛感し、その一体感を大事にしたいことに気づくことができた。

その後、私たちの住む区で場所を貸してくださる助産院が見つかり、同じように週に1回の運営を開始した。駅から離れている住宅街の中にあり、車がないと遠方からはなかなか通いづらい場所だった。駐車場が必要だが駐車場は周りになく、路上駐車が起きないようにと常に気を張っている状態だった。そのすぐそばに常設で運営できる場を同じタイミングで見つけ、移転にむけて設計や準備をしたものの、近隣からの反対もあり工事初日に撤退した。住宅街でカフェをやるということは、その方々の日常生活に大きな影響を与えるということ、近隣との関係性の構築が大変重要であることをここで気づくことができた。

その後、再開発に伴う誘致助成があり、駅近で激安だけれども1年で出なければいけないという物件で営業をした。しかし先述の通り、数ヶ月でお店を閉めざるをえなかった。週に1回運営するのと、毎日常設の場を運営するのとでは雲泥の差があり、その最も大事なスタート時期においてはコミュニケーションの量と質が重要であることを実感した。

②運営当初に重要なコミュニケーション

たとえば、どんなメニューをつくるのか、どんな価格で販売をし、どんな材料をいくらで仕入れるのかといった飲食に関わることだけでなく、どんなシフトで日々営業するのか、子どもの体調不良のときにカバーし合える体制はどうつくれるかといった組織的なことや日々の経理的な処理や事務的な手続きも多数発生する。これらに加えて来てくださる方々とのコミュニケーションやスペースを借りて何かをしたいといったご相談、近隣の方々との打ち合わせなど、対外的な調整やコーディネーションも必要だ。

このように組織内外で検討する事項は多数ある。しかも、その検討事項の大きさも多様で、検討すべきことは毎日新たに山ほど発生する。そのため、段々とおたがいの困っていることの共有や嬉しいエピソードのつぶやき、といった日常的な最も大事なコミュニケーションが疎かになってしまう。スタッフが頻繁に変わったことで、コミュニケーションはさらに困難になった。週5日同じ人が働いていれば、話ながら打ち合わせしながら動くこともできる。しかし、ワークシェアをしていると同じ時間に働かない人がたくさん出てくるので文字ベースでの調整が増え、ちょっとずつ気持ちのずれが発生する。表面に出てきたときには、もう埋めようがないほどの意識や考え、想いの差がうまれていたということもある。

また、当然だが一人ひとり大事にしたいことがちょっとずつ異なっている。みんながみんなそれぞれの「よいと思っていること」をベースに考えて意見を出したりするが、そのたくさんの意見をどう集約するか、というプロセスが非常に難しい。最上位の目標、何のために活動をしている団体か、といったビジョンやミッションに常に立ち戻り考えることをしないと、議論が感情的になってしまう。何を大事にしたいのかのコンセプトや幹となる考え方がそこにしっかりあることが何より重要であることもこのときに気づかされた。

③場の探し方

以上のように、場については常に想定外の展開が続いた。とはいえ、難しい局面においては、常に手を差し伸べてくれる人がいた。時にはお客様が一緒に場を探してくれたり、同じ商店会の人が場を一緒に探してくれたり紹介してくれた。このようにたくさんの方のお力を借りながら場を探すにしても、１００%理想の場にはなかなか出会えない。したがって、どこに重きを置いて場を探すかという優先順位の整理が重要だ。

　こまちぷらすでは、初期のころと現在で、優先順位を変えていない項目がある一方で、順位を変更したものもある。こまちぷらすは、

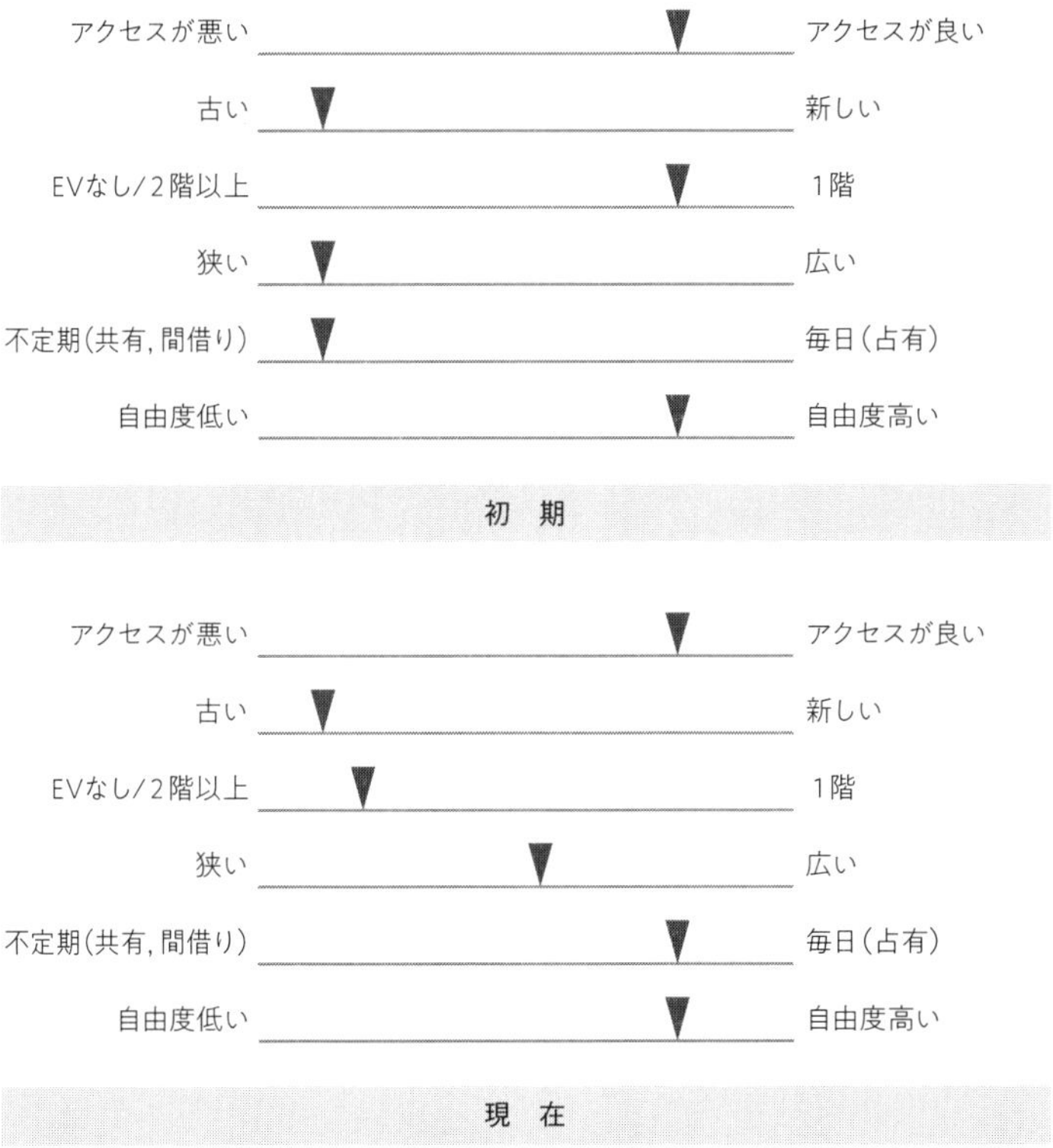

図３−７　初期と現在における場の特性の違い

出所）筆者作成。

アクセスのよさと自由度の高さを重要視してきた。子育て層という狭いターゲットのため、より広い範囲からのご来店がないと経営的に成り立たない、という経営上のポイントに加えて、この1店舗から居場所が各地に増えていくというフラッグシップ店を目指していた。そのため、駅からの近さは重要であった。また、居場所の利用の仕方にさまざまな制約があると、来客者から生まれるものを活かしきれない。そのため、自由度の高さも重要だった。逆に、家賃の高さから1階の物件を諦めるなど、条件によって妥協した点もある。

図3-7は、初期の場と現在の場の比較である。先述したように、アクセスや自由度は初期から保っていたものの、1階にあることは妥協した。場を探す際には、図のような項目をもとに、優先順位をつけてあたりをつけるとよいだろう。

(3) お金をめぐる困難——居場所として機能するまでのさまざまな困難②——

① 実際に生じた困難

次に、お金をめぐる困難である。飲食業はもともと利益率が低く、プロの料理人が創業したとしても倒産率が高い。売り上げのほとんどが仕入れと人件費、家賃と光熱費で出てしまう。加えて、夜間を中心に売り上げをあげるのが一般的な飲食ビジネスモデルの中で、カフェを昼のみ運営するのは大きなチャレンジだった。食材や調理方法もこだわればこだわるほど原価率が上がってしまう。

こうしたなか、食の内容も地元野菜などこだわりたく、何をどう優先をつけて考えたらよいのかが非常に悩ましかった。加えて単なる飲食店としてではなく、人と関わり人と人をつなげる居心地のよい「居場所」を目指していたため、考える要素はさらに増える。熟慮の結果、飲食単体での黒字化を考えるのではなく、他の財源との組み合わせ（スペースの貸し出しや雑貨販など）やご寄付などで成り立たせる経営スタイルに変わっていった。

立ち上げ時の2013年、手元に現金が30万円ほどしかないにもかかわらず、およそ800万円を1年で調達しないと移転ができないという事態に見舞われた。幸いコンペを勝ち抜き500万円を得て、300万円はご寄付でまかなうことができた。当時は、コンペを通らなかったらどうなるかということが常に脳裏から離れなかった。思い切って挑戦することも重要だが、取れるリスクの範囲を定めながら進めることも重要だと感じた。

ひとつひとつの価格設定も困難を極めた。「NPOであれば、300~500円のランチ、50円の珈琲でしょう」という期待があるなかで、補助／助成がなく、かつ、お給料と家賃を払えるようになるための価格設定は難しかった。恩送りカード（1000円で思い描く誰かに飲み物代を払い、その該当者は無料で飲める恩送りの仕組み）など無料で飲めるメニューやワンコインのイベントなど、多様な価格設定の入口をつくるものの、ランチは2012年立ち上げ当初から1000円を超えるものが中心だ。自分だったらそれは払わないという意見も最初は多く、内部の合意形成も非常に難しかった。結局、私たちが創れる料理のクオリティを上げて、この価格を払ってでも食べたいと思える内容にしようと話し、そのための物語を考えるようになった。そこからいくつかの教訓を得た。

②困難から得られたいくつかの教訓

第一は居場所単体で考えないことだ。こまちぷらすの収入構成は、情報事業とカフェ事業とし、最初からカフェだけで立ち上げなかった。収入に多様性をもたせることで、コロナ禍などで飲食が立ち行かなくなっても数ヶ月は他の事業で支えられ、リスク分散にもなる。

第二に、価格設定は利用者負担と社会負担で考える、ということだ。カフェやそこから広がるコーディネートを支えるにあたり、利用者負担のみに頼るのでは厳しい（高額になりすぎてしまう）。他方、公共財源のみでは持続可能性もないと判断し、多様な収入をもとに事業を支えていくことにした。安すぎる価格設定だとすぐに息切れしてしまう。そのため、最初はボランタリーに近かったものの、いずれお給料を支払っていけることを目指しつつ、価格設定をした。地域を面で捉え、自分たちが無料の場や安価な場を提供できないことを申し訳ないと思うのではなく、公共の場や子育て支援の拠点などとの役割分担と連携で考えたほうがよいだろう。

第三は、固定費（ただ出ていくお金）は極力おさえることである。立ち上げ時には、初期費用および固定費は極力出ていかない方法を選んだ。具体的には、初期費用が掛からない場での間借りからスタートするなどである。その後、事業の様子が見えてから（約1年後）、初めて家賃を払っての賃貸物件を契約した。このようにスタートは小さく徐々に事業を育てていくのもひとつのスタイルだと思う。

第四は、ランチのみ2部制をとりいれたことである。夜間営業をせずに事業を継続するには、ランチで2回転、かつ1000円以上の価格設定をしないと必要最低限の支出（しっかりと素材や調理内容にこだわった料理、人件費）をまかなえない。そこでランチには2部制を取り入れた。そのさい、来訪した人がゆっくりできること、見守りやスタッフが子どもや親と関係性をつくれることを考慮して、来客者に1時間半は過ごしてもらえるよう設計した。

(4) 人・組織をめぐる困難――居場所として機能するまでのさまざまな困難③――

最後に、人と組織をめぐる困難についても述べておこう。じつはここが一番重要である。まず、組織そのものの基礎的体制から見ていこう。

① 基礎的な組織体制

● ワークシェアと情報の共有

こまちぷらすでは、週1日～、1日2時間～など、ワークシェアをベースとした働き方をしている。そのため、情報の共有が難しかった。

日々来店し、利用してくれる人たちとの関りで居場所は変化をしていく。変化をしていく力と、シフトに入るたびに変化を経験し、混乱する現場とのバランスが難しい。同じ人が毎日入っていれば口頭で済むことも、関わる人数が増えれば、電子媒体を中心として文字化し共有することが必要になる。文字を通した伝達は、誤解やずれを生じさせ、関わる人数が多くなるほど、情報共有の困難は増してゆく。

●事務局力

こまちぷらすが、ママ友の任意団体から事業体として成長していくにつれて、労務・経理・さまざまな事務処理が増えていき、責任も増していった。しかしながら地道な業務を、しっかりと実施していくのは簡単ではない。事務局に関わる人たちの力は、NPOが可能な事業の大きさにそのまま直結する。事務体制が整うまでは、少ないメンバーが経営と事業のプレイヤーと労務とお金の計算もしているという状況にならざるをえない。この段階では抜けや漏れも多々発生し、周りに迷惑や失礼を働いてしまうこともある。それゆえ、不甲斐なさで気持ちが折れそうになる。

事態を打開するため、こまちぷらすでは伴走支援を受けながら、クラウドの事務サービスサイボウズを導入した。LINEでのやりとりのほうが馴染みもあり、導入時には抵抗もあった。しかし現在では、関係者を絞って情報共有、ファイルの保存（知・経験・経緯の蓄積）、ワークフローの活用（さまざまな申請など）、スケジュール共有などを実施できるようになった。LINEやメッセンジャーなども併用もするが、情報の検索や追跡はかなり容易になった。

議事録はすべてグーグルドキュメントで同時編集できるように変更し、年度末に大変にならないよう数値化するものを定義して、毎月の実績を共有して残すようにした。耳が聞こえないスタッフもいるため、定例のスタッフミーティングはUDトーク（音声を文字化）とZOOMを合わせた会議としている。結果的に多くのメンバーが後から録画を見ることが可能になり、わかりやすくなった。

会議に参加できる体制を少しずつ強化していくことに加えて、情報ツールや「聞かないと分からない」「ゼロから探さないとわからない」状況をつくらないための効率化は重要である。こうしたことを進めるさい、パソコンを日常的に使っていないメンバーも多数いる。また、現場での忙しさは変わらない。そうした困難の中で、外部の伴走者を得ながら事務局の体制づくりをできたことは、事業の推進にあたり大きかった。事務体制を整えることで楽になる、分かりやすくなる、自分にとってもいいことがあると、少しずつ実感してゆく。導入から1年半くらい経過すると、キッチンにいるメンバーから事務で動いているメンバーまで、みんなが日常的に使う状態になっていた。

②橋渡し・調整の担い手

居場所は内部で関わる人の多さのみならず、外部のさまざまな団体組織との連携や調整もある。連携は人と人の信頼をベースに築かれることも地域では多々あるため、多くの場合は代表者や経営コアメンバーに情報と橋渡しの役割が集中する。そうなると内部の調整と外部との調整ですぐに業務超過が生じる。

組織の人数が15人～20人を超えてくると、一対一で丁寧に内部メンバーと関わることが難しくなり、コミュニケーション不足が発生する。橋渡し・調整の役割が集中しすぎると、結果として大事なメンバーの喪失につながる。そのため、居場所においては、橋渡し・調整役の分散をどのようにできるかが大きな課題である。

活動に思いをもって参加をしている人が多いものの、一人ひとりの関りたい度合いや内容は人それぞれだ。その中で、一人ひとりの関わりたいと思う内容に合わせて関わりしろをつくるのは、一定の人数を超えると難しくなる。だからこそ、最初の接点でしっかりと理念を共有し、一対一で関わり合える関係性が求められる。先にあげたパートナーぷらす会でそうした関係性をつくるなど、スタッフの頑張りに左右されず橋渡しできる仕組みづくりの重要性を学んだ。

③メンバーのケア

スタッフの中にも傷ついてきた経験や癒えることのない経験を重ねた人もいる。カフェスタイルの居場所のスタッフは、専門家ではないことが強みであるものの、時には重い相談や受け止めきれないほど感情をぶつけられることもある。そういうときには、対応したスタッフ自身のケアも大変重要である。活動しているスタッフにも、自身や自身の家族へのケアもある。スタッフ自身の感情が今どうなっているか感じる時間、感情はどこからきているのかを知る機会が必要だと感じている。

来訪者の「参加」と「労働」の境目も難しい。スタッフは、ビジョンに共感して参加している人であり、雇用され、対価を得ながら労働をしている人でもある。その境目は簡単には決められない。たとえば、子どもを連れて主催イベントに参加者として参加し、その後、少し片づけを手伝った人がいるとする。そのさい、片付け分の給料が発生するかは判別しがたい。「参加」と「労働」の境界問題はさまざまな次元で発生する。

「仲のよさ」の維持と「決定」についても、慎重な手続きを要する。こまちぷらすでは、当初、「みんなで話して決める」ということができていた。しかし、事業が増えてくると相談内容の前提を説明するだけで長くなり、議論までたどりつかないことが増えてくる。誰がどの範囲について話し合って決めていくのかは、決めていくことがらの大きさに応じて徐々に見えてくるものだ。そこに到達する前には、短い時間で多くのことを話さないとならない。とはいえ事業が増えると、メンバー個々人とじっくり対話をすることは難しくなる。そうなると、各所のスタッフに決定権を与えることになるが、決めることは何かを選ばないことにもつながる。

関係性が近く「仲がよい」状態であればあるほど、関係性と事柄を分けて決断をしていく難しさが発生する。踏み込んだ発言が難しくなるからだ。良好な関係性は心理的に安全な状況をつくるものの、「仲良し＝いい事業」ができるということではない。ママ友のつながりという生活上の関係性と事業のパートナーという二重の関係性があるからこその難しさがある。

似たものどうしでゆるやかに活動していくサークルと違い、事業ではさまざまな技能、関心、得意なことを持ったメンバーが共に活動する必要がある。行きたい先は一緒でも、どのようにたどり着きたいか、そのスピード感や最も価値をおきたいことなどは、人それぞれに異なる。何が正しいかは誰にもわからないので、その中でひとつひとつ決めていくプロセスは大変な困難を伴う。

④固定化させない方法と難しさ

こまちぷらすでは、居場所に来る人をお客様としすぎず、どちらがゲストでどちらがホストかわからないような場づくりを目指している。この目標を追求すると、ゲスト・ホストはじめさまざまな境界線があいまいになり、来訪者が参加しやすくなる。お皿を片付けてくれるお客さんがいたり、一緒にイベントを片付けてくれる人がいたりと、どこからどこまでが「私たちのやること」と決めすぎないことが大事なのである。私は、居場所において「曖昧さ」をかなり重視している。

他方、多くの人が関わると、何がOKで何がNGなのかはっきりさせてほしいという要望があちこちから湧いてくる。その中で一定のルールを明記した貼り紙を貼りたいという申し出もでてくる（○○をしないでください、○○があると思いますがご了承くださいなど）。しかし、そうした貼り紙が増えると人のための場ではなく、ルールにそって動く窮屈な場になってしまう。居心地の良い場をつくるには、何がよいか何がよくないのかはその場にいる人たちにはかるというスタンスが大事だ。

経験則をもとに、正しいとすることや、やり方を固定化したくなることもある。しかしそれ以上に、本当に今はその決断でよいのかと考え、固定化しないことも重要だと考えている。とはいえ、曖昧さや固定化しないと口にするのは簡単だが、実現は容易ではない。私自身も物事を固定化せず、「これでよいのか」と揺らぎ続ける姿勢を保つのは大変疲れる。それを支える安心の場がスタッフにこそ必要だ。

⑥ こまちぷらすの現時点での試みとこれからに向けて

(1) 現時点での試み

こまちぷらすも、先述の難題に組織として何度もぶつかり、今現在でもよりよい実践がないか日々探し続けている。何かひとつこれを実践すればうまくいくというものではなく、団体の構成メンバー、団体のビジョン、重きをおいている価値によって大きく変わる。昨年うまくいったことが今年うまくいくとも限らない。そのため、常に「今」の居場所をつくる人たち（構成メンバー、ボランティアの方々、利用者、関係者など）の考え、状況、特性、特徴を踏まえて更新し続ける姿勢と、変わらないものと変わるものを楽しめるような文化をつくっていくことが重要だ。その中で具体的に実施したことを紹介しよう。

こまちぷらすでは、お店を閉めてミーティングを実施する日を毎月設けている。手を止めて一緒に座るという時間を無理やりつくらなければ課題が山積してしまうのだ。1営業日を減らすことは、約1／20の売り上げの減少につながるため、自主財源で運営する上では難しい決断である。とはいえ、難しい運営をする居場所の存続には必要不可欠と判断している。

ミーティングでは、目の前の課題解決や情報共有より研修に2／3の時間を割いている。研修は主に、「自分を知る」「相手を知る」「目指す未来図と自分の仕事のつながりを知る（団体を知る）」「スキルを身につける」と大きく4つの軸に分けて実施している。

一つ目の「自分を知る」ということについては、スタッフ側も子育て当事者が多いからこそとくに大事にしている。日々自分以外の人へのケアに時間を割き、自分の感情ややりたいことを後回しにしてきた時間が長いため、「私が何を感じているか」「何をしたいか」という感情を取り戻していく時間が多く必要だ。自身の主体性を取り戻すためには、話す時間的余裕とこれを可能にする安心できる場が必要である。「自分を知る」ことは居場所をつくる人にこそまず必要であり、だからこそこの時間は最も大事だと感じている。

二つ目の「相手を知る」ということについては、一緒に働いているメンバーの人となりを知るということと、想像性を高めるという意味合いがある。誰かとともに事業をつくっていくさいには、相手の発言の背景と想像する力が大事になってくる。受け入れることは難しい意見であっても一旦受け止め、その人がその意見を言う背景はなんだろうと想像できるようになることで対話が成り立つ。違う意見を目の前にしたときに「私が否定された」と受け取るのではなく、そういう「角度」の見方があるのかという「気づき」に変換していく。これが重要なのである。

気づきに変換していくためには、まずは身近な人たちで少しずつ違う見え方の「角度」に触れていくことだ。そのさい違うことも受け入れる安心感が重要である。居場所にはたくさんの人がいろんな考えを持って足を運ぶ。「相手を知る」行為を繰り返すことで、居心地のよい居場所ができていくのである。

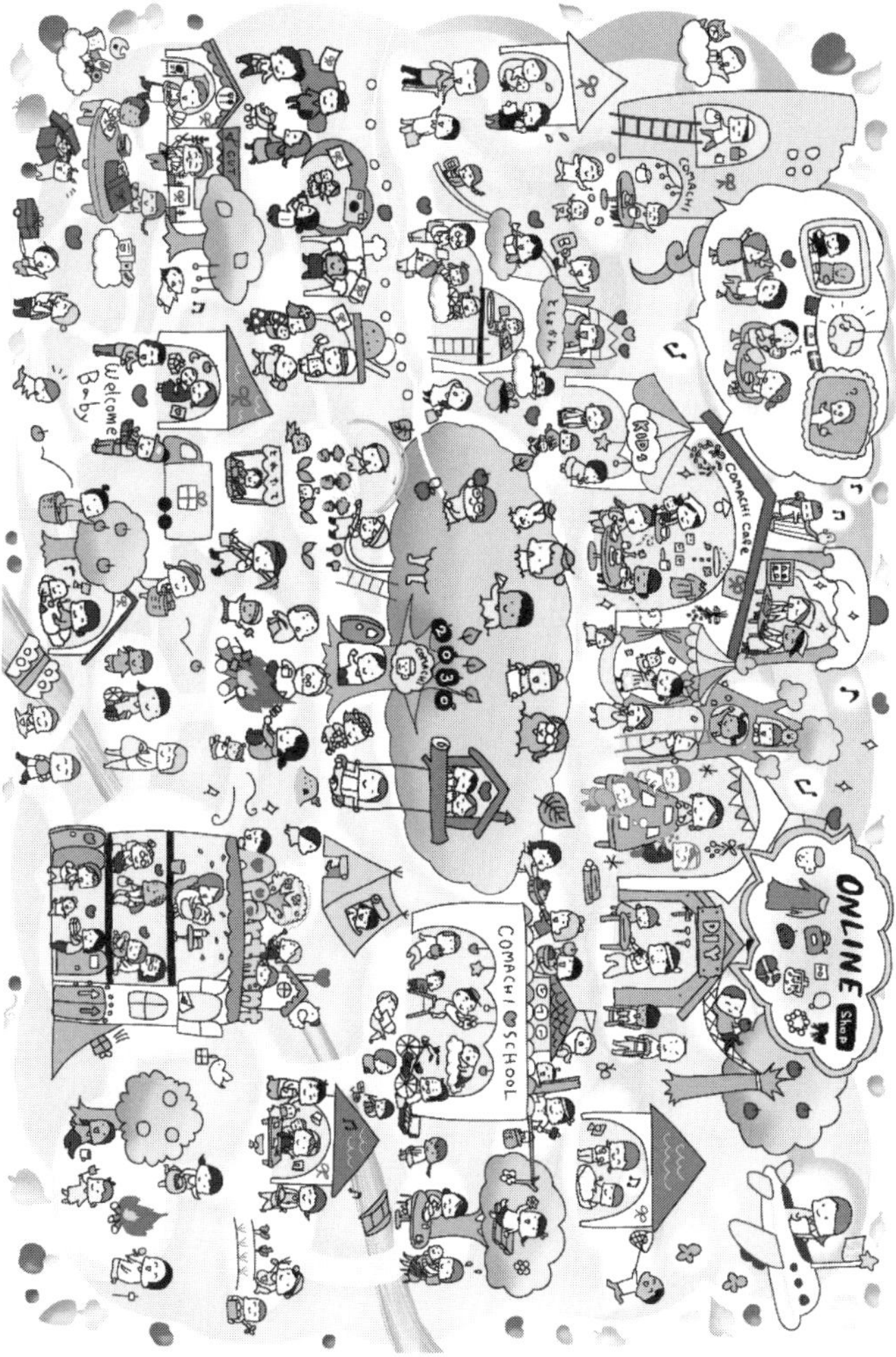

図3-8　こまちぷらすの2030年未来図

©アトリエあちゃらった

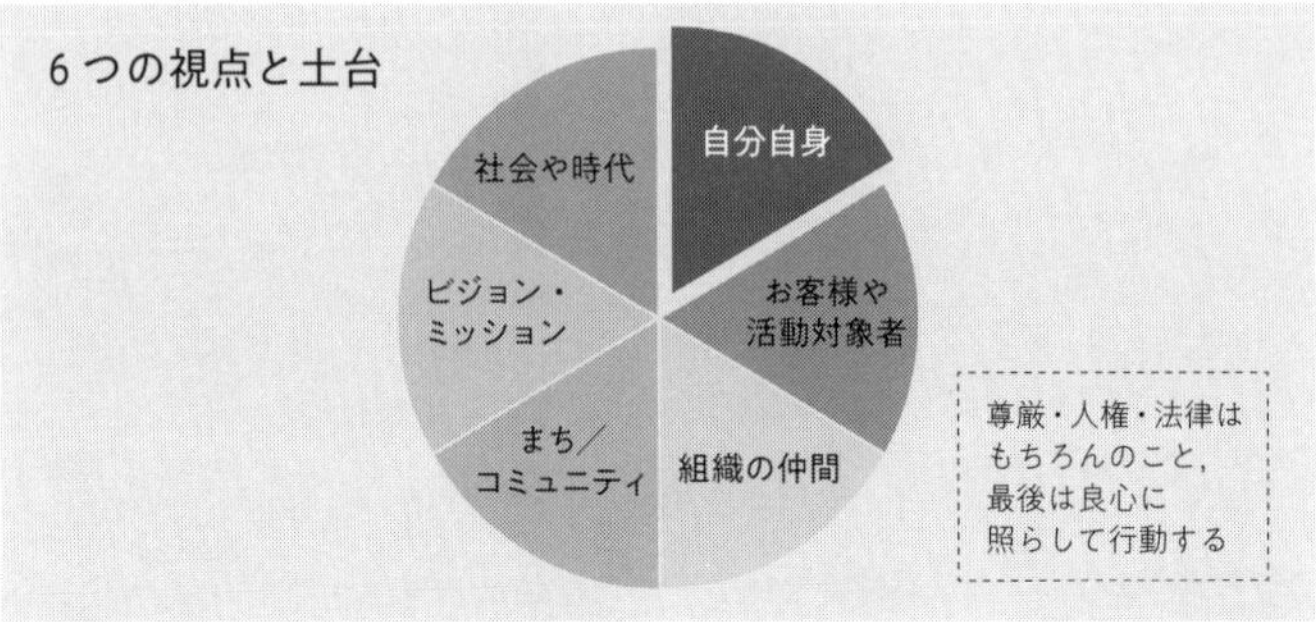

6つの視点と土台

尊厳・人権・法律は
もちろんのこと，
最後は良心に
照らして行動する

自分自身

私の原点、私の琴線、私の専門性

自分の原点、「楽しい」、共感、安心、ありたい姿を大事にしよう。

自分の視野は5度

自分の見えている視野はたったの5度。他の人から見えている5度も意識しよう。

お客様や活動対象者

ラベルで人を見ず、人の6面を見る

人は自分が今見ている1面のほか、5面くらいあることを忘れないようにしよう。

良くしようとするのはやめたほうがよい

自分が「良い」と思っていることだけを基準に相手の状況を変えようとしない。

組織の仲間

豊かにゆらぐ

「正しさ」も本当にそうなのかと、つながりのなかで豊かにゆらいでみよう。

「のりしろ」と「関わりしろ」のあるチームに

嬉しいエピソードを仲間と共有しよう。人が関われる余白を仕事の中につくろう。

まち／コミュニティ

遠くに行きたければみんなで行く

自分たちだけでやろうとしない。時間がかかってもみんなでいけば遠くにいける。

関わる人が幸せに、まちも豊かに

関わる人、一人一人が嬉しく、まちも結果豊かになる循環をつくろう。

ビジョン・ミッション

子育てが「まちの力」で豊かになる社会につながる

迷ったらまず、ビジョン・ミッションに立ち返ろう。

事業を支える人・つながり・お金が続く仕組みがある

組織的に、経済的に、持続可能な仕組みになっているか立ち止まって考えよう。

社会や時代

声なき声を聴き、翻訳しよう

埋もれたニーズを一人一人の声やデータから拾って伝わるよう翻訳していこう。

やってみなくちゃ、わからない

未来は誰もわからない。あれこれ考えてもわからないときは、まず小さく動こう。

図3－9　こまちぷらすの行動指針

出所）こまちぷらす作成。

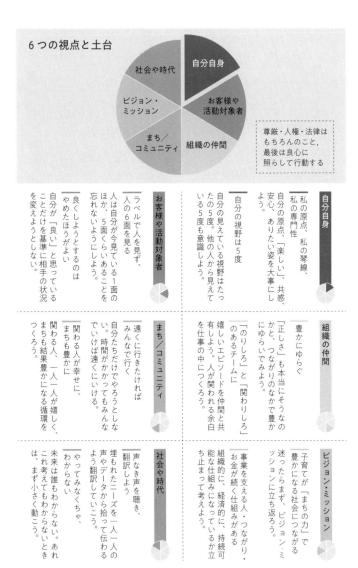

三つ目の「自分の仕事と目指す未来図をつなげていく」ことについては、二つのアプローチがある。ひとつはそもそも未来図や行動指針といった組織として目指すことや大事にしたいことを、「自分を主語に」考える時間をとるということ。もうひとつは、社会の状況を知る時間をとり、そこに団体がどうアプローチしているのかを知り、自分の仕事はどうそこにつながっていくのかを整理する時間をとることである。こまちぷらすは2018年頃に組織の未来図を再考し、2020年の未来を描いた絵（図3-8）をつくり、2021年に行動指針（図3-9）をつくっている。このプロセスには数ヶ月〜1年ほどかけ、それぞれをミーティングで実施してきた。未来図をつくるさいには、理事会と行き来するなど、多様な目線を入れることも効果的だ。

⑵ 今後に向けて

ここまで、居場所の立ち上げや機能するための困難やそれをどう乗り越えてきたかを書いてきた。最後に今後の居場所のありようについて書いておこう。

①「支援をしない」居場所のあり方

第一のテーマは「支援をしない」居場所のあり方についてである。居場所は「こんな場を自分が欲しい・欲しかった」という願いや、何かしらの「課題」を解決しようとして立ち上がることが多い。しかし、誰かの困ったことを解決しよう、社会の課題を解決しようと意識すればするほど「居場所」

としての機能が損なわれてしまうときがあるので注意が必要だ。居場所は、たとえ家庭内で困難を抱えていたり、今、自分の力でどうにもできない課題に直面をしていても、ただ「居る」ことができる場所だ。課題そのものは即時に解決できなくても、「大丈夫な自分」でいられる時間を少し実感できることで、なんとか一日を過ごすことができる。居場所にはそんな価値がある。

そこに「何か困っているならば相談にのるよ」「こんな情報があるよ」という支援が入ると、とたんに居場所が自分の今抱えていることを考えたり、実感しなおしたり、向き合う場になる。当事者が問題と向き合うことを必要としているときもあるが、それは居場所側が判断することではない。村田由夫氏の『良くしようとするのはやめたほうがいい』という著書がある。その言葉のとおり「よい」と思っていることは人によって異なり、「よくしよう」と思って行動することは多くの場合は自分自身の価値観に基づいて実施している。その点を認識しないと相手の居場所を奪いかねないのである。相手と関わること、支援することの難しさと大切さを実感しているからこそ、こまちぷらすではその言葉がそのまま「行動指針」にもなっている。ただ雑談ができる場所が必要なのである。

② 規範の捉え直し

第二のテーマは規範の捉え直しである。序章の**図序-2**で示したように、子育てには、それを取り巻く根強い「規範」が存在している。「いい親はこうあるべきだ」という誰に言われたわけでもない考え方にとらわれ、自分自身をそのルールで縛って苦しめてしまう。家事はここまでできていないといけない、5時まで働くことは子どもにとってよくないなど、誰しも自分なりに大事にしたいことはあり、それ自体は問題ない。注目すべきなのは、そうしたことを改めて問う機会や場の少なさである。

子育てにまつわる一連の行動は、多くの場合、子どものために行われる。だからこそ、周りも「頑張っているね」ということであまり踏み込まず、なぜそうしたいと思うようになったのか、を問われることも、自身が考える時間もない。

こまちぷらすでは、海外の違う「文化」や「規範」の中で子育てをしている人と対話をすることで、既存の価値観を見直す機会をつくってきた。コロナ前から海外（とくにイスラエル）からの一般市民を年間20～30人ほどお招きし、日本の子育て中の人との対話の場をつくってきた。コロナ禍ではそれをさらに発展させ、イスラエル、トルコ、ヨルダン、デンマーク、フィンランド、スウェーデンと、海外や日本在住の各国の方とつながり、お菓子をともに開発し販売をした（図3-10「世界のお菓子」企画）。このお菓子を購入した人は、現地とオンラインで、

図3-10 「世界のお菓子」企画でつくったデンマークのお菓子
出所）筆者撮影。

もしくは日本在住のその国の人とリアルで話しながら一緒にお菓子を食べられる。そのなかで、「女性としての生き方」「子育てのあるある」「障害について」「教育について」などさまざまなテーマを通訳を介して話してきた。毎回聞かれる感想は、「自分たちの当たり前にいかにとらわれていたか」ということだ。

このように、海外の人と対話の機会をつくることで、日本人との対話では気づけない「社会の規範」に注意が向かうよう工夫している。世の中全体がデジタルにシフトするなかで、分断が生まれやすくなっている。今後、居場所は、美味しいものを食べリラックスしながら「自分の『当たり前』は本当に当たり前なのか」と疑う機会を身近につくっていく役割を果たしていくであろう。

③居場所を評価するということ

第三のテーマは「評価」である。この点は、「支援しない居場所」のあり方と関連する。利用者や運営者が雑談をする場が必要だと思ったとしても、その説明ではなかなか予算がつかなかったり、寄付や協賛の必要性を感じてもらえない。自主財源だけの運営やボランタリーな関わりだけで居場所の継続が困難な場合、その価値の可視化をし、伝わるような評価方法を考えるようになる。

こまちぷらすも活動初期から、どのように場の価値を可視化できるかということを考え、さまざまな評価指標について横浜コミュニティカフェネットワークのメンバーも交えて検討してきた。しかし、評価指標を作ろうとすればするほど、居場所にくる人たちの状態が多様で限られた指標だけで足りず、効果も多様なことを気づかされた。評価の対象となる場ごとに、立ち上げた経緯と地域性、関係性、目的があるため、その点を勘案した評価をしないと、居場所が本来ありたい姿を歪めることになってしまう。

近年、「地域共生社会に向けた包括的な支援と多様な参加・協働の推進に関する検討会」（令和元年、厚生労働省）の報告書に見られるように、コミュニティカフェの役割や居場所での橋渡し役の重要性や期待について言及されるようになってきた。さらには孤立・孤独の文脈や福祉的な課題解決の観点からも、居場所の価値が語られている。居場所に対する政策や支援への高まりも期待できる半面、居場所ごとのありたい姿に応じた評価への理解も求められよう。

④孤立孤独との関わり

第四のテーマは、孤立孤独と居場所の関わりである。第2章の記載にあるように２０１９年に実施した石田光規教授との共同調査により、居場所と孤立・孤独の関係性について整理ができた。孤立や孤独を生み出す要因に、既存の関係との切断や既存の経験の無効化があるということも見えてきた。居場所を運営していて感じることは、一度既存の関係が切れると、何事もうまくいかず不甲斐ないといった感覚が増える人が多いことだ。自己肯定感が低くなっているなかで、自身で再度、関係性をつくり上げることはことのほか難しい。

その時に必要な要素は何かを、こまちパートナーの方が自身がこまちぷらすに関わる中で気づいた

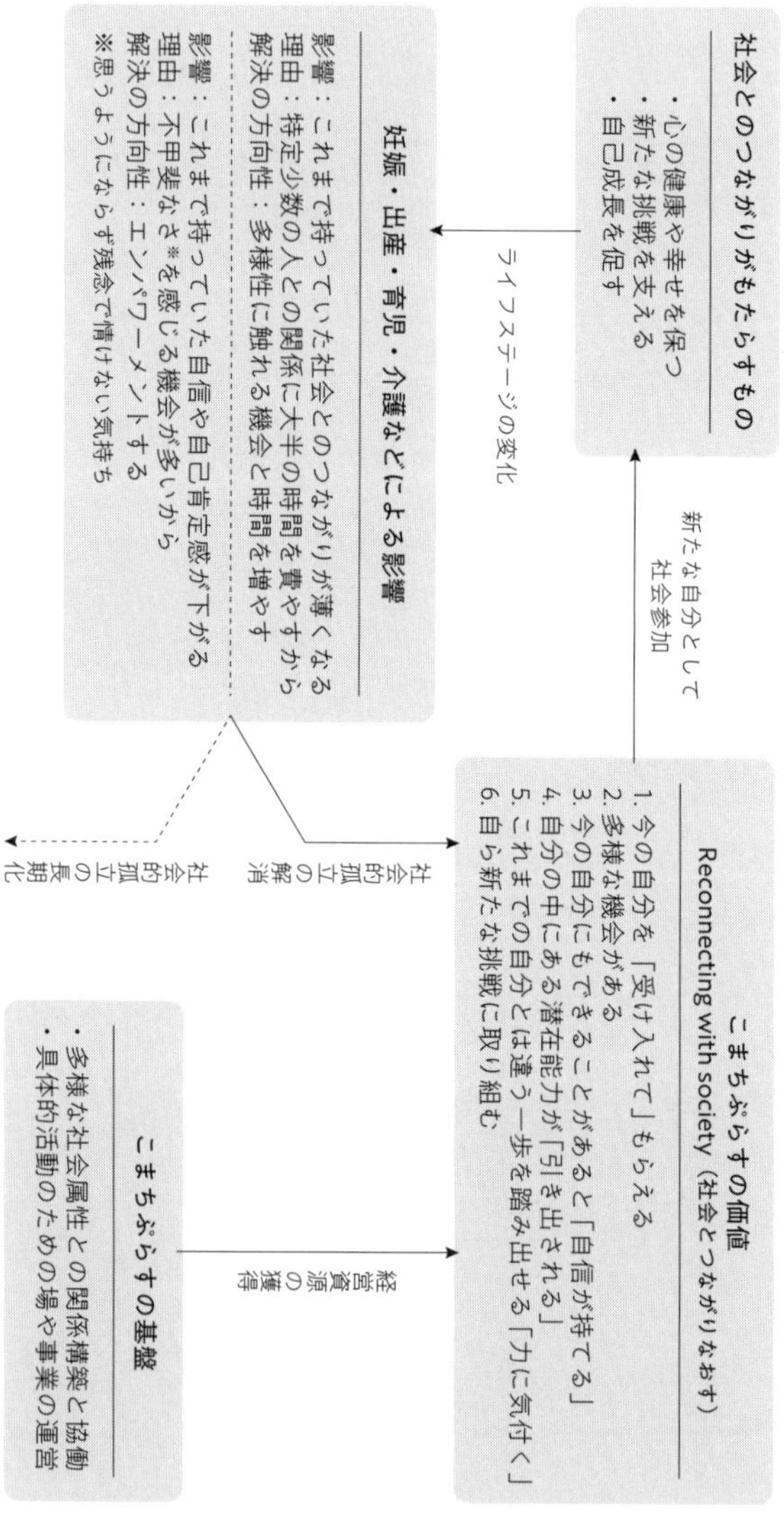
社会とのつながりがもたらすもの
・心の健康や幸せを保つ
・新たな挑戦を支える
・自己成長を促す
ライフステージの変化
妊娠・出産・育児・介護などによる影響
影響：これまで持っていた社会とのつながりが薄くなる
理由：特定少数の人との関係に大半の時間を費やすから
解決の方向性：多様性に触れる機会と時間を増やす
影響：これまで持っていた自信や自己肯定感が下がる
理由：不甲斐なさ※を感じる機会が多いから
解決の方向性：エンパワーメントする
※思うようにならず残念で情けない気持ち
新たな自分として
社会参加
社会的孤立の解消
社会的孤立の長期化
こまちぷらすの価値
Reconnecting with society（社会とつながりなおす）
1. 今の自分を「受け入れて」もらえる
2. 多様な機会がある
3. 今の自分にもできることがあると「自信が持てる」
4. 自分の中にある潜在能力が「引き出される」
5. これまでの自分とは違う一歩を踏み出せる「力に気付く」
6. 自ら新たな挑戦に取り組む
経営資源の獲得
こまちぷらすの基盤
・多様な社会属性との関係構築と協働
・具体的活動のための場や事業の運営

図3-11　当事者の語りより

出所）こまちパートナーの方の発言より編集・作成（作成：株式会社イミカ）。

ことを語ってくれた。それを図式化したものが、図3-11である。

「相手にギブできるものが何もないと思うと、頼ることもできない」「自分とつきあっても相手にとって嬉しいことがない、メリットがないと思われるのではないか」といった考えがよぎり、現状から脱する方法が見つからないまま、現状を維持することすら難しくなっていく。そんなときに、ふらっと立ち寄った場所で「こんな自分でも」受け入れてもらえたという感覚になることで、負の流れを抜け出す小さなきっかけが見つかっていく。そんなきっかけや思いがけない出会いがあり、自分自身や他者や社会とつながっていく。社会とゆるやかに再接続するスロープのような場が居場所だと、こまちぷらすに関わるこまちパートナーから教えてもらった。

⑤連携から生まれる新たな可能性

居場所に足を運ぶ人には、「誰かからの後押し」があったということも、2022年の調査で明らかになった。団体に関わろうと思った理由を尋ねると、3割以上の人が「親しい人の誘い」をあげている。ここから、居場所が機能するには、街中の多様な人やお店、施設との連携が重要であることが分かる。「あそこにあの場所があるよ」とそっと後押しする人が街中で増えることで、多くの人が居場所に足を運び、そうした人が居場所を紹介するという好循環が生まれるのである。居場所はその場に単体で存在するのではなく、連携や協働が不可欠であり、その価値や重要性はこの後の第4章でも触れられている。

最後に、多様なセクターとの協働と、イノベーションの場として価値についてもふれておきたい。こまちぷらすは大手運送会社の神奈川主管支店とウェルカム・ベビー・プロジェクトを2016年に立ち上げた。このプロジェクトは第5章でも触れられるため詳細は省略する。ここではプロジェクトが生まれたいきさつについて説明しよう。

ウェルカム・ベビー・プロジェクトが生まれたきっかけは「居場所でのイベント」だった。居場所の継続運営を支援するために何かできないかと運送会社が訪ねてきてくれ、物産展を一度開催した。イベントの後、子育ての環境や社会全体で必要としていること、たがいに持っている資源やできることを話し合ううちに、出産祝いを届けるプロジェクトができるのではないか、というアイディアが生まれたのだ。連携はそこにとどまらない。東京キリンビバレッジサービス株式会社と花王株式会社がこのプロジェクトに協賛企業として関わるようになり、日本初のおむつ自販機も誕生した（2023年5月現在約90機）。

株式会社日本総合研究所（2008）では、ソーシャルキャピタルとして、「結合型（ボンディング）」（「組織の内部における人と人との同質的な結びつきで、組織内部での信頼や協力、結束力を生むもの」）と「橋渡し型（ブリッジング）」（「異なる組織間における異質な人や組織、価値観を結びつけるネットワーク」）の二つを提示している。ウェルカム・ベビー・プロジェクトのように、分野や組織の規模を超えた「橋渡し」があることで、今までにない創発が起きる可能性が高まっていることを実感している。

居場所には社会ではまだデータになっていない、もしくは認識されていないような課題や事柄がたくさん埋もれている。そうした声に一緒に耳を傾け、できることを考える人が増えると、結果的に社会に新たなサービスや制度、インフラが生まれていく。居場所には、協働とイノベーションのたねがたくさんある。まだ見えていない価値に多くの人が気づき、関わり、一緒に創る人・主体となって今より更に豊かな子育てができる社会、豊かに生きることができる社会につながれば喜ばしく感じる。

文献

ＪＲ東日本『ＪＲ東日本　各駅の乗車人員　２０２１年度』(https://www.jreast.co.jp/passenger/，２０２３年5月17日検索)。

日本総合研究所（2008）『日本のソーシャル・キャピタルと政策　日本総研　２００７年　全国アンケート調査結果報告書』。

横浜市戸塚区福祉保健センター（2022）『横浜型地域包括ケアシステムの構築に向けた戸塚区アクションプラン』。

第4章 地域の連携をひろげる
――まつどでつながるプロジェクトの挑戦――

1 切れ目のない子育て支援を目指して

本章では、千葉県松戸市において活動している「まつどでつながるプロジェクト」の取り組みを事例としながら、切れ目のない子育て支援を目指した地域連携の実践について述べる。とくにさまざまな行政施策や支援拠点、地域で取り組まれる活動があるにもかかわらず孤立した子育てが生み出される構造、行為主体の間に起きるすき間について考察した上で、それらのすき間をどうつないでいくことができるかという視点で3年間の実績をふりかえり、そこから見えてきた支援者間のネットワークづくり、連携を推進するノウハウについてまとめる。

2 「まつどでつながるプロジェクト」について

まつどでつながるプロジェクトについて説明する前に、私たちの活動拠点である千葉県松戸市の実情について簡単に説明しよう。

(1) 松戸市の概況

松戸市は千葉県の北西部に位置し、人口は約49万人で県内では千葉市を除いて2番目に多い。都内にも近いことからベッドタウンとしての性質が強い街である。2020年、2021年には、日経BPがまとめた「共働き子育てしやすい街ランキング」で全国1位になったこともあり、市外からの子育て世帯の転入も増えてきている。しかしながら近隣市と比較すると扶助費が高く、生活保護世帯の増加やとくに子どものいる世帯に関する相対的貧困が課題となっている。また、外国人人口の多さから、地域によっては外国にルーツを持つ子どもが学校のクラスに数人いるといったことも特徴である。

市の子育て支援の現況としては、前述したように共働き世帯への支援として保育園の充実（市独自の補助金など）、市内約20カ所に子育て支援施設（広場事業）を設置してNPOなどの民間団体に委託するなど、とくに乳幼児期の支援策に力を入れている。また、この数年は子ども食堂への期待が高まっていることもあり、NPOや民生委員など多様な地域の担い手を中心に、活発に活動をしていることも取り上げられている。

(2)「まつどでつながるプロジェクト」の設立の経緯

多様な団体が存在するという背景のもと、2019年頃から、子どもを取り巻く環境に課題を感じている有志が集まり検討会を開いていたことが「まつどでつながるプロジェクト」の始まりである。

松戸市の子育て環境の調査やヒアリングを行う中で、「子育ての孤立」が重要な観点でないかということが浮かび上がってきた。そのさい、子育ての孤立という課題に向き合っていくには、それぞれの組織・団体がバラバラに取り組むのでは限界があるのではないか?という問題意識が生じた。この意識を共有した3つのNPOを中心に、運営協議会という組織で活動をスタートさせた。

三つの団体の一つ目は「NPO法人 MamaCan」で、母親の自己肯定感を高めるキャリア支援に取り組んでいる。二つ目は「NPO法人 さんま」で、子どもたち・親子の居場所づくりやひとり親の支援に取り組んでいる。三つ目は「NPO法人 まつどNPO協議会」で、NPO・市民活動団体など約60の会員で構成されている中間支援団体である。中間支援団体とは、NPOどうしの橋渡しや支援を行う団体である。運営協議会には、他にも市内の子ども食堂ネットワークの代表や社会福祉士として子ども・若者の支援に携わる方、困難家庭への支援を行っている団体代表なども関わっている。

松戸市では前述した団体以外にも、草の根でさまざまな取り組みをしている活動も多く、それが他市からも評価される一方で、それらの主体が対話する場面が少ない。団体どうしの連携が築けていなかったという思いから、まつどでつながるプロジェクトでは「地域まるごとで〝孤育て〟を予防する」というスローガンをもとに活動を開始した。

(3) まつどでつながるプロジェクトの概要と主な事業

まつどでつながるプロジェクトは２０１９年に発足した。２０２０年〜２０２２年にかけて休眠預金を活用した助成金の採択を受け、子育ての孤立を予防するための直接的な事業と、多様な主体の連携を推進する運動の両輪で活動をしてきた。２０２３年現在は、いくつかの事業を関係団体の運営に委ね、持続可能な体制づくりに向けて取り組んでいる。

具体的な事業は「地域円卓会議」「ＷＥＢサイト、ＬＩＮＥ窓口」「つながるファミリーカレッジ」「出産お祝いプレゼント」「伴走支援の仕組みづくり」「オンライン学童」「駄菓子屋カフェくるくる」「まつドリ子育て応援隊」の８つである。事業の詳細は第４節以降で解説する。

3 事業を計画する上で課題に感じていたこと

(1) 事業立ち上げのいきさつ

事業の詳細を説明する前に、私たちが感じてきた問題意識について説明したい。

まつどでつながるプロジェクトを立ち上げる前までは、メンバーそれぞれが自分たちの思いを掲げ各々に活動をしていた。活動は充実していたものの、それぞれの活動を通して子育てを取り巻く環境への「もどかしさ」を感じてきたのも事実だ。それが連携型のプロジェクトを立ち上げるきっかけになっている。

立ち上げ当時、3人の団体代表の会話で「ママ友の中で気にはなるけど声をかけづらい人」「ショッピングモールで見かける気になる親と子」「児童館に毎日来てはギリギリまで帰らない子ども」といった存在について話をすることがあった。いずれも緊急度が高く介入するような状況ではないゆえ、一歩踏み込んで関わりを持つことは難しかった(難しいと感じてしまう)。しかしその中に見落としてはいけない孤立や課題の根っこがあるのではないかと考え、なぜ孤立してしまうのか検討した。その結果見えてきたことが以下の3点である。

第一に、家族以外の人(情報)とのつながりが希薄になっているケースである。自分自身は孤立している意識はなくても、いざという時に頼れる人や相談できる人がいない。あるいは、子育ての悩みを相談できる場所がわからない。相談するほどではないと思っているなど、問題の有無にかかわらず、ソトとのつながりがない人たちである。市内にはさまざまな支援やサポート体制があるが、基本的には自らアクセスしなければつながらないものも多い。

第二に、支援は自分に関係ないものだと思っているケースである。本当は子どもにとって厳しい環境にあるけれど、虐待、DVという認識を持っていない場合や、つらい、しんどいという気持ちがあっても支援を頼るほどに状況を言語化し、発信できていない場合などである。

第三は、規範的な問題により頼れないケースである。第Ⅰ部でも指摘したように、子育ては親(とくに母親)の責任とされる風潮は未だに強い。子どもが何か問題を起こしたり、相談をしたりすると、ダメな親と考え支援につながらないケースもある。

ここに書いたことは多かれ少なかれ、現代の子育て世代が感じている、または当てはまることではないだろうか。リスクを抱えつつも支援につながらないという現象は、核家族で実家や親戚も近くに住んでおらず、かつ共働きで日々の生活に余裕がない、という特別ではない「ふつう」の家庭で起きていることなのである。

私たちはこのようなふつうの家庭に起きている子育ての孤立をより理解するために、何かしらの困難さを抱えている子育て当事者へのヒアリングを行った。そこから、子育てしづらくなる仕組みとして図4-1のような状況が見えてきた。

そもそも課題が少ない、または自ら動いて支援を受けることができる層をローリスク家庭

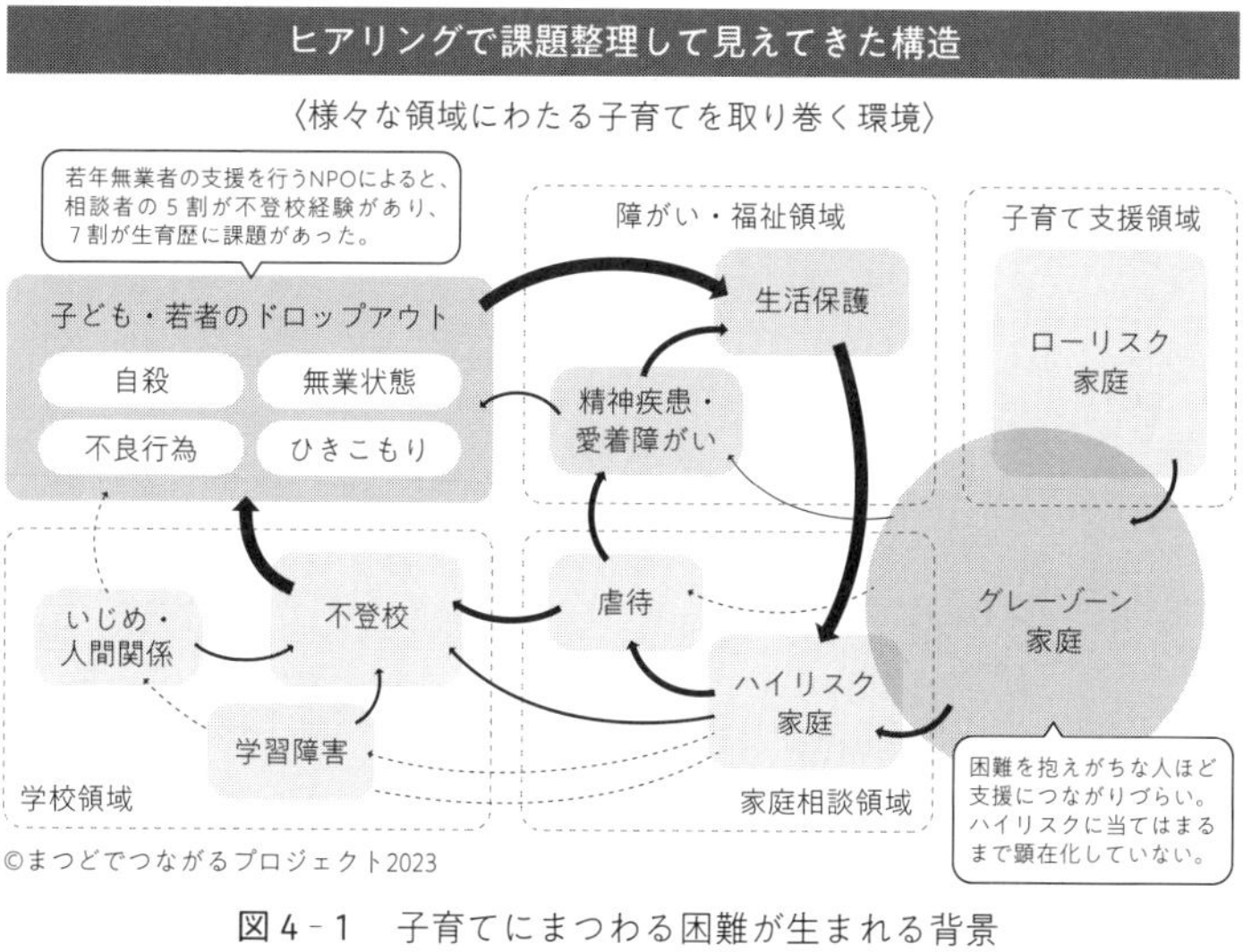

図4-1　子育てにまつわる困難が生まれる背景

(図の右上)、緊急度が高く制度上も公的な支援を受ける必要がある層をハイリスク家庭(図の中央下)、その中間でさまざまな支援や地域のネットワークにつながりづらい人たちを「グレーゾーン家庭」(図の右下)と名付けて、ここにどうすればアプローチできるのか、またその人たちが「子育てしやすい」と実感できる街にできるのか、を考えていった。

(2) 寄り添う存在と仕組みづくりの視点

さらに当事者へのヒアリングからは、子育てがしづらいと感じる背景に本人に起因することと、周囲の環境や社会の仕組みの課題の両方が見えてきた。それらはプラスに働くもの、リスクを高めるものがあり、そのバランスが崩れてしまった時に困難さが深まるのではないかと考察した。

そのバランスを図式化したのが図4－2である。シーソーの左側は環境を良くする要素であり、本人のレジリエンス(子育てのスキルや経験、事前の知識、性格や体力など)、周囲のインフォーマルなサポート(パートナー、親類、友人、頼れる人や場所)、制度や仕組みなどの支援が該当する。シーソーの右側はリスクを高める要素であり、本人の持っている生きづらさ(病気、障がい、精神疾患、性格など)、子どもの生きづらさ、経済的貧困、援助希求できない文化・感覚、制度上はずれてしまう課題などが該当する。

左側よりも右側の因子が多くなると、リスク(子育ての困難さ)が高くなり、孤立が深まってしまう。左側の不足にかんしては、暮らし方・働き方が原因で他者とのつながりを作りづらい、制度や仕組みや支援を知らない・または活用できるものだと思っていない方の増加に見られる。一方、右側にかんしては、リスクを受け止めるだけの余白が街にない、困難さを課題としてしまう雰囲気、寛容さの不足、社会全体の格差の広がりが挙げられる。

シーソーのバランスは一人ひとり異なり、ある家庭では問題にはならないことでも、別の家庭では深刻な課題となり得る。そのため、まつどでつながるプロジェクトでは、どのような背景であっても一人ひとりの状況に寄り添う存在になることを大切にしている。また一方で誰もが何かにつながることができ、個人個人の課題が予防される、または緩和される文化を育むための仕組みづくりができないかという視点で、事業に取り組んできた。

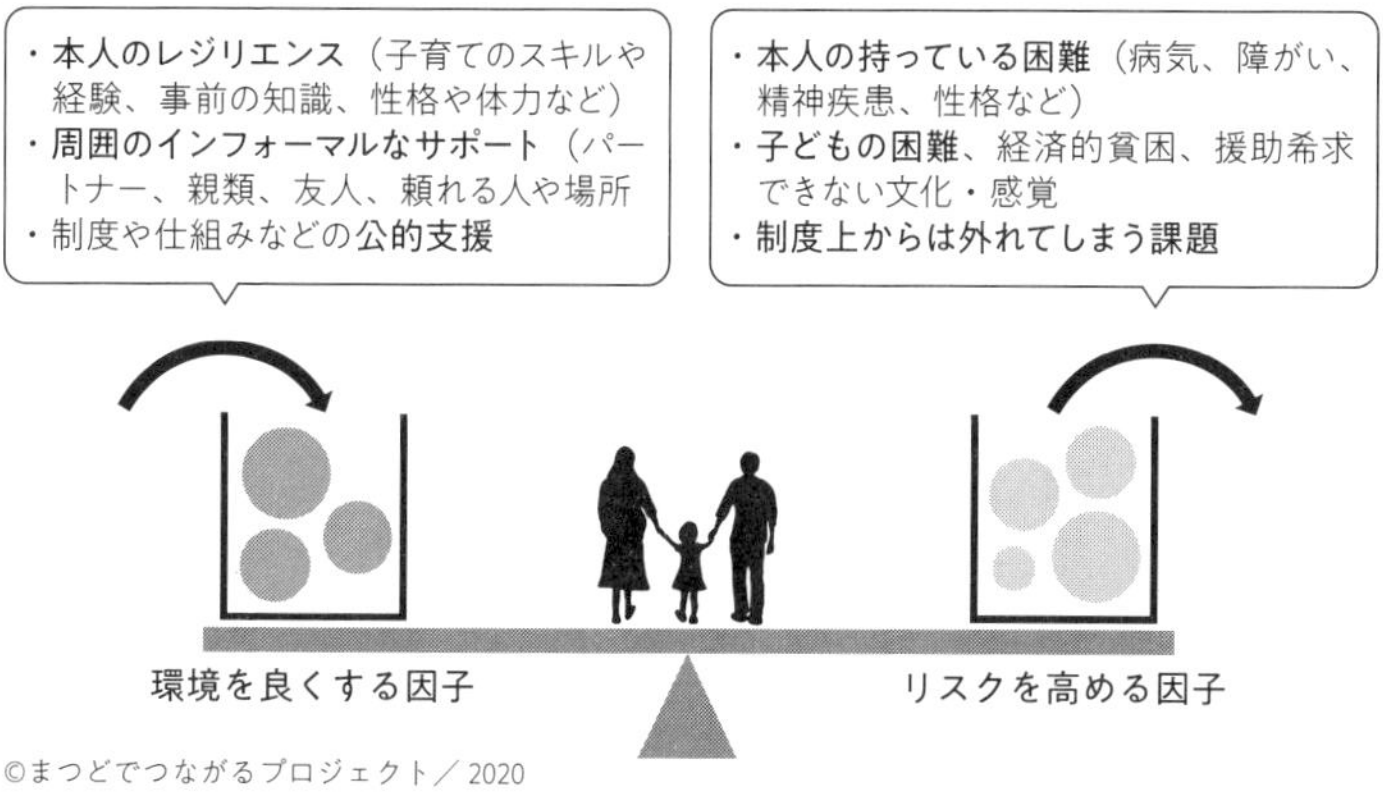
・本人のレジリエンス（子育てのスキルや経験、事前の知識、性格や体力など）
・周囲のインフォーマルなサポート（パートナー、親類、友人、頼れる人や場所
・制度や仕組みなどの公的支援
・本人の持っている困難（病気、障がい、精神疾患、性格など）
・子どもの困難、経済的貧困、援助希求できない文化・感覚
・制度上からは外れてしまう課題
環境を良くする因子
リスクを高める因子
©まつどでつながるプロジェクト／2020

図４－２　子育てを取り巻く環境のバランス

4 実際に取り組んできたこと——事業紹介——

ここまで記述した問題意識をもとに、2020年から休眠預金を活用した助成金を受けることができ、いくつかの事業をスタートさせた。中にはその後、行政からの委託事業や協働事業として実施したものもある。本節では各事業の概要と、多様な主体との連携、ネットワークづくりでとくに意識してきたポイントを述べてゆく。

(1) 子ども・子育ての当事者を真ん中にした地域円卓会議

① 円卓会議の概要

地域円卓会議は、行政・福祉専門職・子育て支援のNPO・子ども食堂・地縁組織など、子育てに関わる多くの機関や団体が集まり、当事者が置き去りにされない対話の場を作り子育てしやすくする組織間連携を生み出すことを目的としている。組織間連携の核となる事業である（図4-3）。

図4-3　2023年2月17日に開催した地域円卓会議の様子
官民合わせて56名が参加

出所）筆者撮影。

こういった場でよく起こりがちなこととして、参加者が組織の肩書きを背負ってしまうことで本音が出づらかったり、市民から一方的に行政を批判するコメントが出てしまうといったことがある。それらを減らすために、円卓会議では個人個人の想いを大切にすること、相互理解を育むことを基盤にしており、会議冒頭では毎回グランドルールを説明し、認識を共有している。共有のグランドルールは、「唯一の正解・全体の正しさを求めすぎない」「おたがいが一歩、歩みよってできることを考える」「ここで得たことを持ち帰ってそれぞれで活かす」「それぞれの役割を知り、顔が見える関係をつくる」「組織でありつつ自分自身の感覚を大切にする」の5つである。

対話の進め方については、当初、主催者側でケースワークを取り入れてみたり、話し合うテーマを決めたりしていたが、なかなか対話が深まらないという課題が見えてきた。そのことから、基本的には流れを決めすぎずに、参加者どうしでゆっくりと自己紹介や悩みを共有する時間を設け、そこから浮かび上がってきた問いをもとに進めるように変えていった。

②得られた成果

円卓会議を開催し共通の問いに対して直接対話することで、おたがいの立場や課題に対する理解と共感を深めることができた。とくに民間からすると、行政の担当者が思いをもって支援に携わっていること、制度や仕組みの中で動きづらい部分もあることを理解することができ、一方的に批判するのではなく前向きに協力関係を築こうと思えるようになったという変化が見られた。行政側としても、民間で活動をしている人と顔が見える関係ができ、連携できる可能性を考えるきっかけとなった。

また、異なる立場の主体が集まったゆえに生まれるアイデアもあった。円卓会議では、支援に関わる人たちがそれぞれ抱えている課題や取り組みたいテーマを持ち寄り、おたがいにアイデアを出し合っている。行政と民間はもちろんのこと、違う部署・団体というだけでも異なる視点やアイデアが交わることで、今まで思いつかなかった問題解決のヒントを見つけることができた。なかには、実際に支援で関わっているケースについて、個人情報への配慮をした上で担当者が悩みを共有したことがきっかけとなり協力者が見つかったという事例もあった。

(2) 官民の子育て情報を一元化したWEBサイトとLINE窓口

① WEBサイトとLINE窓口の概要

次に、WEBサイトとLINE窓口についてである。まつどでつながるプロジェクトが公開しているWEBサイト「つながるリンク」は、育児に関する情報を一括したワンストップのサイトである。そのさい、なるべく当事者の視点に立ち、必要としている情報にたどり着きやすいように工夫している。具体的には対象となる年代ごとに、よく相談されるキーワードで情報を整理している。それでも検索ができない方、情報が出て来なかった方のために「つながるLINE」というLINEでの窓口を設けて担当スタッフが質問に答える仕組みを作った（図4-4）。

始めた当初はLINE窓口の利用件数も多くなかったが、市内で出産した親にお祝いを贈るウェルカム・ベビー・プロジェクトでプレゼントを配布する際に、LINE登録を必須としたことで、何気ない相談を寄せていただく方が急増した。ここから、相談サイトの開設と親へのアプローチはセットで行った方がよいことがわかる。そのさい、抵抗感の少ないアプローチがよい。お祝いとセットにすることで、孤立における課題であるアウトリーチ型支援活動ができている。

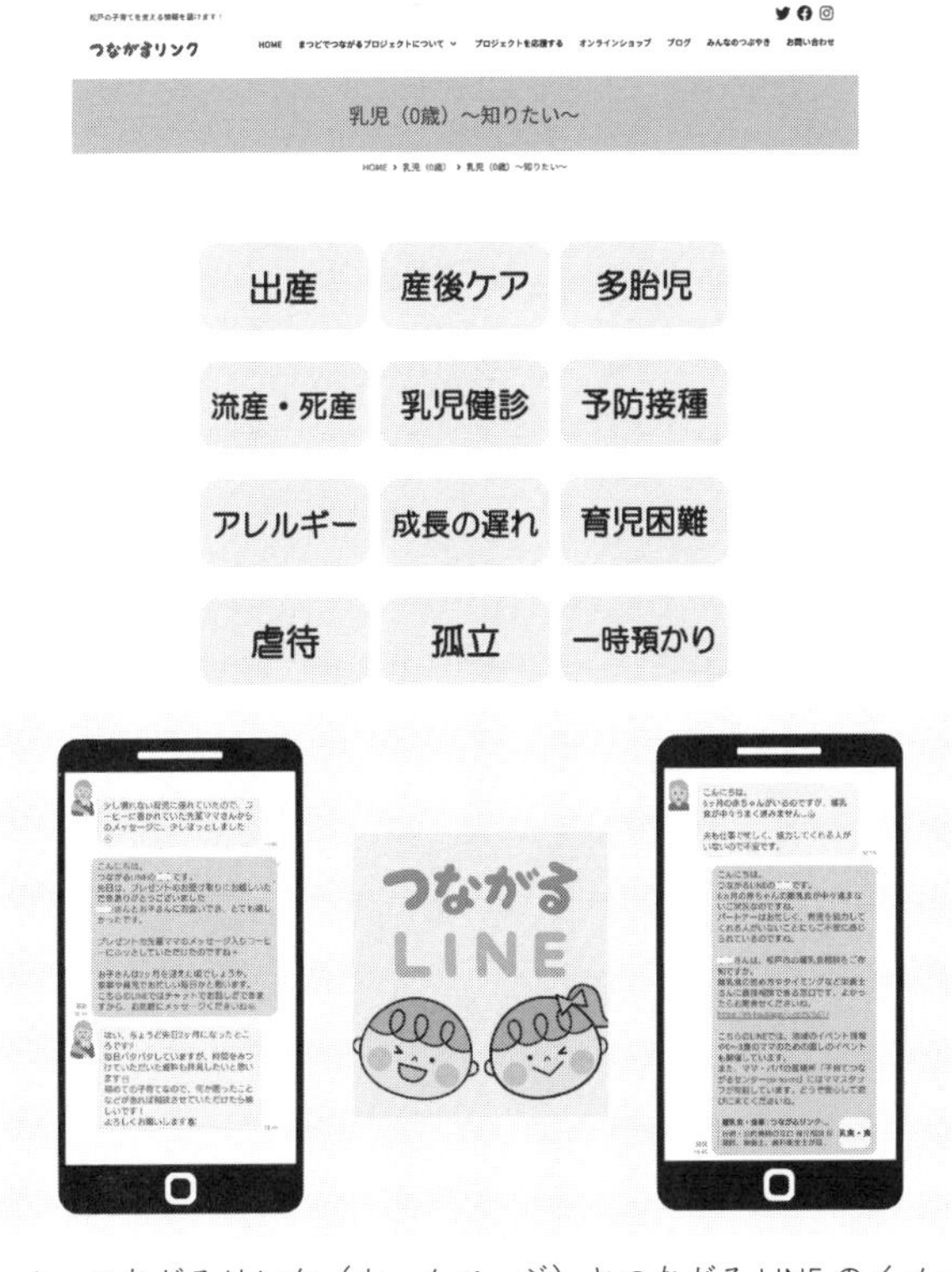

図4-4　つながるリンク（ホームページ）とつながるLINEのイメージ
出所）まつどでつながるプロジェクト「つながるリンク」（https://m-tsunagaru.com）より。

2022年度は約200件の相談が寄せられ、内容は子育ての不安（離乳食・発達の遅れ・保育園）、ワンオペ育児による体と心の不調、パートナーとの関係など多岐に渡っている。日々の対応の工夫としては、「基本は傾聴の姿勢で、気持ちを安心安全に吐き出せる場にする」「悩み事に対して正解として伝えすぎないようにする」「当事者に近い立場として本人の気持ちに寄り添った関わり方をする」「専門性が求められる場面（虐待の懸念や病的な疾患がある）では担当者が抱え込まずに必要に応じたところにつなぐ」といったことを共有している。

②実施する中で得られた成果

いわゆる支援をする側として活動をしていると、どうしても相談してもらうことを待つ姿勢になりがちである。しかし、つながりを持っていない当事者からすると「相談」という行動自体ハードルが高い。何かしら困っていたとしても、わざわざ情報を調べて場合によっては予約もした上で子どもを連れて相談の場に赴かなければいけない、という面倒くささを想像した瞬間からあきらめてしまうのである。その点、LINEでの窓口は家にいながら、かつ子どもが寝静まったタイミングでスマホさえ開けばアクセスできるという気軽さがある。したがって、最初の一歩を踏み出すにはちょうどいいのかもしれない。

実際にこれまでに寄せられたコメントの中には「幼稚園で用意しなければいけない小物はどうしたらいいか」といったことから始まり、何気ない会話がやり取りされていく中で、子育てに関する悩みをつぶやいてくれるようになる、というケースもあった。相談者の中には過去に相談をしてみたものの、期待した結果に至らなかったという失敗体験をしてきている人もいる。そのため、「この人なら話を聞いてくれそう」と当事者が思えるかどうかが相談への接続に影響してくる。

⑶ 子育ての孤立を未然に防ぐ「つながるファミリーカレッジ」の実施

① つながるファミリーカレッジの概要

子育てに関する知識もつながりもないまま、ある日突然始まる結婚生活や子育て。理想を描いて始まったものの、現実とのギャップに苦しんでしまうことも多々ある。ギャップを克服できずに発生する孤立を未然に防ぐために、「つながるファミリーカレッジ」を創設した。具体的には、ライフステージごとに知っておくべきことを学び、対話やつながりを通して人生を豊かにしていくためのヒントを得るワークショッププログラムを開催している。

プログラムを作る上では、子育て世代はもちろんのこと学生や若者、子どものいない人も含めたより多くの方に広げることを意識した共通のテキストを作ることにした。内容は子育てをする上で知ってほしいノウハウはもちろん、年齢や出産による身体的な変化やキャリア支援といった視点で、それぞれの専門家に監修に入ってもらった。男女問わずどの世代に読んでいただいても、学びのあるテキストを目指して作成している。

②実施する中で得られた成果

この取り組みにおいては、専門家や当事者などの意見を取り入れるためのワークショップを行い、またデザイナーに入ってもらうことで見やすく、かつ中身の濃い成果物を作成することができた（図4－5）。このように見える形でノウハウを示すことができるようになったことで、家庭教育学級や行政が実施する講座と協働することができたり、また民間団体が行うキャリアアップ支援での登壇、中学校での生徒への講義など、連携の幅が広がったと考えられる。ノウハウを見える化させたことで、新たな連携が生まれたのである。

⑷赤ちゃんの誕生と共に地域で支える
出産お祝いプレゼントの配布

①ウェルカム・ベビー・プロジェクトの概要

本書でもご一緒している「認定NPO法人 こまちぷらす」が先んじて取り組んできた「ウェルカム・ベビー・プロジェクト」。子育ての早い段階で親子とのつながりを作ることを

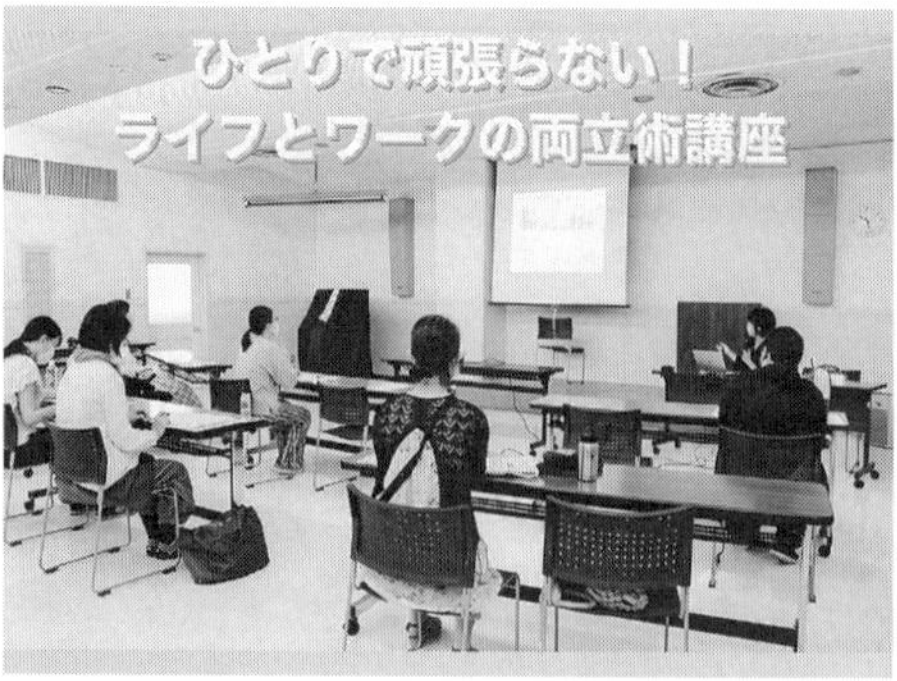

図4－5　作成しているマイライフサポートブックの表紙とワークショップの様子
出所）筆者撮影。

ねらいとして、松戸でも支部を立ち上げ、赤ちゃんが生まれたご家庭・または妊娠中の方に出産お祝いのプレゼントを贈っている（図４－６）。中身は地元企業の方々のご協力によるお祝い品や、松戸市内の子育て情報をまとめたファイルなどが入っている。

松戸の特徴としては、直接プレゼントをお渡しすること、エントリー時に公式ＬＩＮＥアカウントに登録をしてもらっていることがあげられる。対面でプレゼントを渡しＬＩＮＥを交換することで、その後もゆるやかにつながり続けることができる。たとえゆるやかであっても、顔の見える関係を保てる仕組みを大切にしている。

実施にあたり、企業との連携が必須であるが、その点は元々母親のキャリア支援の文脈で企業との接点も多かったＮＰＯ法人 MamaCan のノウハウを活かすことができている。また地域とのつながりという点では、市内で子ども食堂を開催している場でプレゼントをお渡しししたり、ショッピングモールと提携して配布会イベントを開催するなどして取り組んでいる。

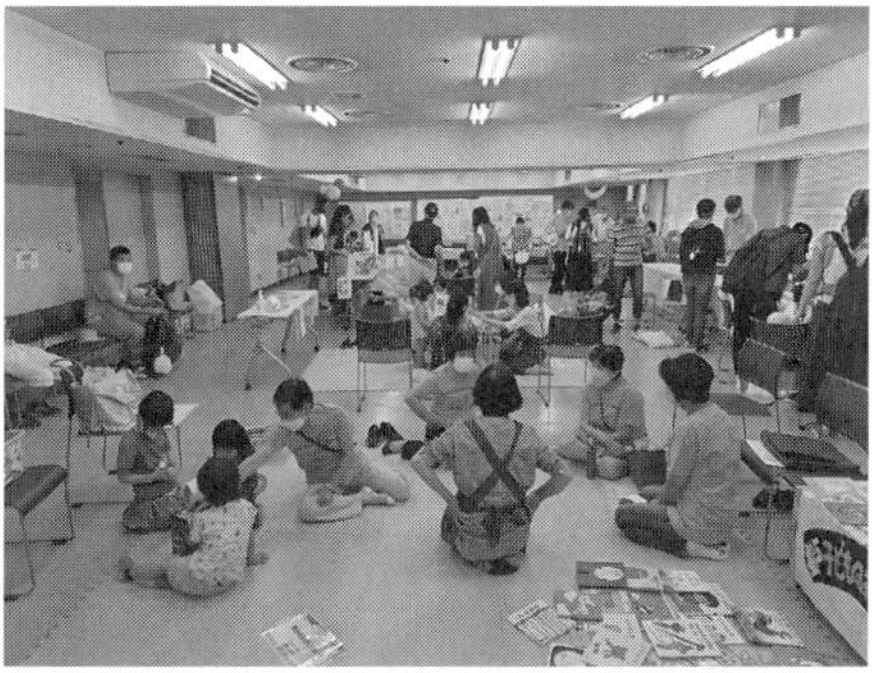

図４－６　配布会の様子

出所）筆者撮影。

② 実施する中で得られた成果

プロジェクトをつうじて、街全体で子育てを応援する土壌をつくることができた。松戸で生まれた赤ちゃんをお祝いする、また直接プレゼントや情報を届けることができる、という明確な目的があることで、企業をはじめとして多くの行為主体との協力関係が作りやすい。実際に営業的なアプローチをしていくと、協賛をいただけるかどうかは別として、多くの企業できちんと話を聞いていただくことができている。また、配布会イベントの実施にあたっては多くの市民ボランティアに協力をいただいている。プレゼントに同封しているカフェインレスのコーヒーには、手書きでコメントを寄せてもらったパッケージを使用しており（図4－7）、直接ではないにしても子育てを応援する土壌づくりを意識している。

図4－7　コメントが書かれたコーヒーの包み
出所）筆者撮影。

(5) 制度や支援のはざまで困難を抱える世帯への寄り添い型サポート

① 伴走支援の仕組みづくりの概要

前述したＬＩＮＥ相談や、拠点としているセンターで子育てサロンを開いている中で、継続的にサポートが必要な女性や家庭の様子が垣間見えてきた。そこで、２０２１年～２０２２年にかけて、松戸市の男女共同参画課からの委託を受けて、女性の寄り添い型サポート事業に取り組んできた。既存の制度や支援の枠組みには当てはまりづらい、または行政が関わることを避けているようなはざまの世帯を対象として、つながり続ける中で本人の生きる力を引き出すことを目的としている。

私たちの特徴を活かして、非専門職（同じ住民）として寄り添う関係性を大切にしており、その人の課題を定義して解決するようなアプローチは行わないようにしている。一方で関わるケースの中には虐待や子ども・親の精神疾患など支援の専門性が問われることもある。そのさいには、行政内の担当課と対話しながら連携ができる役割分担を模索していった。また、社会福祉士、キャリアコンサルタント、精神保健福祉士といった専門職によるサポート体制も構築している。

②実施する中で得られた成果

対応するケースの中には生活困難やその他の理由により、行政の支援を必要とする方もいる。しかし前述したように、上手くコミュニケーションを取れない場合、行政の担当者と話がかみ合わずにフェードアウトしてしまうということもある。

その点において、私たちは専門家ではないものの、当事者に寄り添う立場として双方の翻訳をしてみたり、言葉になりづらいニュアンスを代弁することでスムーズに支援のつなぎなおしができたりという事例があった。地域での連携を進める上ではこのような橋渡し役がたくさんいることが重要になると考えている。

(6) その他事業の紹介

① 子どもたちの学びとつながりを切らさないオンラインパーク

2020年に新型コロナウイルスの感染拡大と共に急に訪れた学校の休校。親子共に自宅にこもるしかない日々の中で何かできないかと考え、オンラインを活かした取り組みを始めた。オンラインではあるけれど、公園のように子どもたちが集まれる場所を作りたいという思いで「オンラインパーク」という名前にしている（図4-8）。

企画当初はコロナによる影響を意識していたが、始めてみると元々学校に行きづらさがある、またコロナを機に不登校になった子どもたちの存在に気づき、現在はオンラインで週二日、一人ひとりに寄り添いながら、プログラミングや実験教室などを実施している。

② 自らつながれない、つながろうとしない世帯への「移動販売車（キッチンカー）」によるアウトリーチ型支援活動

コロナ禍により屋内で集まる広場やサロンができなくなった

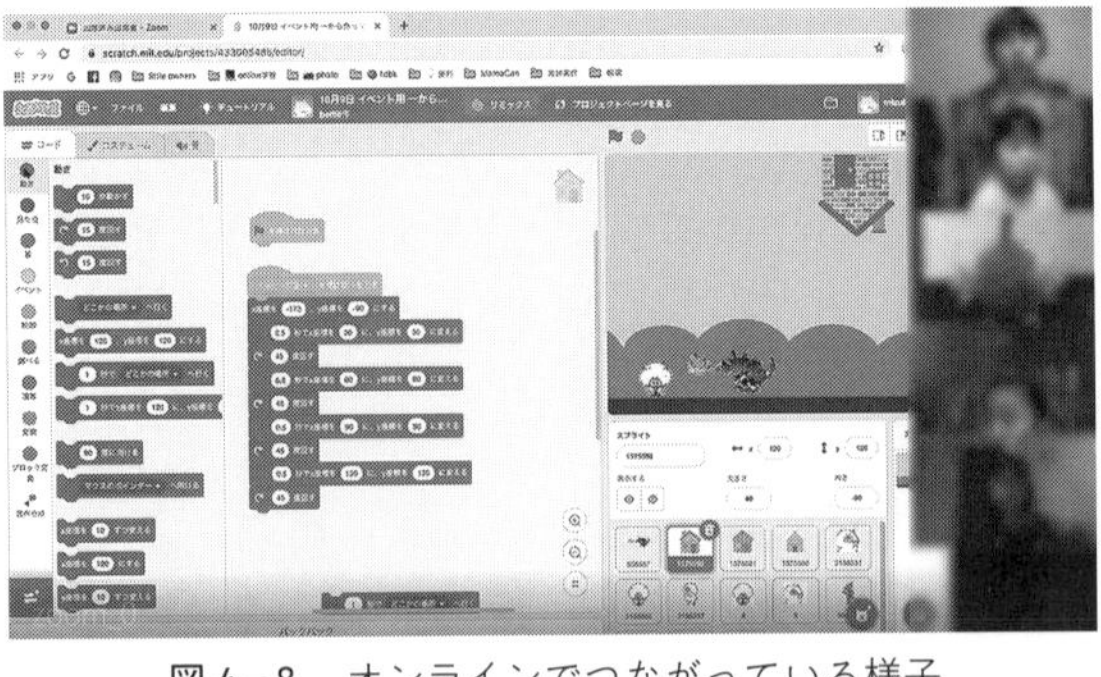

図4-8　オンラインでつながっている様子

出所）筆者撮影。

ことをきっかけに、屋外で親子や子どもがつながれることを目的にキッチンカーを使った居場所づくりを始めた（図4-9）。

現在は遊びとくつろぎをテーマに「駄菓子屋カフェくるくる」という名称で、市内のお寺の境内や協力いただける個人宅の敷地で展開している。キッチンカーを利用することで、ふだん、集まりの場に顔を出さない人とつながることができるようになる。孤立対策においてしばしば求められているアウトリーチ型の活動である。

図4-9　キッチンカーによる活動の様子
出所）筆者撮影。

図4-10 「まつドリ子育て応援隊」の様子
出所）筆者撮影。

③松戸子育て市民サポーター養成講座「まつドリ子育て応援隊」

資格を伴う専門職ではなく、一般市民の中で日常的に子育てを見守り、子どもや子育て家庭に関心を持つ人を増やすことを目的として2022年度から松戸市子ども政策課との協働事業でスタートした。地域で日常的にあたたかい声掛けができるサポーターを増やすことで、地域の網の目を細かくすることを大切にしている（図4－10）。

5 地域のネットワークにすき間が生まれる構造へのチャレンジ

ここまでまつどでつながるプロジェクトが取り組んできた、事業をつうじたネットワークづくりの工夫を紹介してきた。一方で「どのような環境にある子ども・子育て世帯であっても孤立せず、つながりを持てる地域づくり」という理念からはまだまだ程遠く、多くの課題が残っている。本節では、それらをつうじて学んできた気づきと工夫について述べたい。

(1) 目指す姿は同じでも連携まで至らないジレンマはなぜ起きるのか？

子育て支援、というテーマで言えば市内には行政・民間それぞれに多様な制度や取り組みがある。各取り組みについては、子育て環境をより良く、暮らしやすい街にしていこうというビジョンは大きくズレていないはずである。しかし活動の現場で、組織間の連携や協力体制が築けているかというと実際にはそう多くはない。まつどでつながるプロジェクトを立ち上げる前までは、おたがいが顔を合わせてコミュニケーションを取る機会を増やせば自然とネットワークが作られていくと思っていた。しかし実際に動いてみると、それだけでは解決できない構造的な理由が見えてきた。まずはその点をまとめていこう。

一つ目は、行政と民間で協力関係が築きづらい理由である。行政と民間の間で協力関係が築きづらい最も大きな要因は、「目的の違い」だと感じている。民間の立場からは極端に言えば、目の前の困っている一人をどうにか助けたい、という気持ちが行動の理由や目的になり得る。一方、行政はそうはいかない。なぜその人を支援する必要があるのか、法律や施策を背景に既存の制度や仕組みから公平に判断することが求められる。また、意思決定のプロセスにおいて、民間では団体の規模にもよるが、メンバー内の合意が取れれば迅速に動ける一方で、行政の立場では内部の決裁を取れるまでにどうしても時間を要することが多い。両者のスタンスの違いが連携を難しくしているのである。

二つ目は行政内部にありがちな、いわゆる縦割りの構造の弊害である。行政の組織構造は、基本的には対象となる人や目的によって部署が異なっている。そのため、「出産に伴う相談はA課」「保育園に関することはB課」「就労に関することはC課」と、市役所の中で行ったり来たりすることになる。私たちが相談を受けてきた方の中には、課題を複数抱えた人も多い。ある人は、「相談をする度に同じ話をしなければいけなくて、それだけで疲れてしまった」と訴えていた。当事者からするとどうしてもたらい回しにされている気持ちになってしまう。地域共生社会を目指した動きの中で、ワンストップで問題解決につなげる取り組みも推進され始めてはいるが、まだまだこういったすき間はなくならないのが現状である。

三つ目は民間の団体どうしでも生じているズレについて触れたい。たとえば松戸市において、乳幼児のいる家庭に子育て支援を行う団体、母親に対してキャリア支援をする団体、子どもの居場所づくりや学習支援を行う団体、中には外国にルーツを持つ子どもを支援する団体もある。個別に話をすれば理念で重なる部分があったり、問題意識を共有できることもたくさんある一方、やはり対象やそれぞれが大切にしている考え方によってズレは生まれる。活動への想いが強いがゆえに、時に「あの人の考え方とは合わない」「自分たちの活動の現場に来てもらった方が良い」といった感情が起きてしまうこともある。

このようにおたがいに違和感や不満を抱いてしまうジレンマから、一方的な批難が展開されがちではあるが、それでは信頼関係を築くことは難しい。大切なことはおたがいの〝違い〟を理解した上で、それぞれの目的を果たせるよう工夫をしながら、意識的に役割分担をすることであろう。

(2) 共通のビジョンを持つことへの挑戦と挫折

これらの気づきを踏まえて、どうすれば連携を図れる関係を作っていけるか模索してきた。具体的にはプロジェクトの運営にあたって、賛同者を募ったり、円卓会議への参加を促したりする中で、ゆるやかなつながりを作っていけないかと考えた。第5節で述べたように、いくつかの連携が生まれたものの、全体像として思い描いた、共通のビジョンを持ったネットワークづくりには中々いたらなかった。そんなタイミングで相談した先駆者の方々から学んだことを紹介したい。

日本の介護保険制度のモデルとなる仕組みを作ったとされている、特定非営利活動法人ケア・センターやわらぎ代表理事の石川治江氏から、取り組みへのフィードバックをいただく機会があった。その時に言われたコメントのひとつが「ネットワークを作るために必ずしも仲が良くなくても良い」ということであった。その言葉を受けた私たちは、無意識の内に「ネットワークづくり＝思いが通じ合える仲間づくり」と思っていたことに気がついた。ネットワークを作ることが目的なのではなく、何を実現するためのネットワークなのかが大切なのである。それによってどのような人と関わるべきか、またどのようなやり方でコミュニケーションを図ったらよいかは変わってくる。それまで漠然と、全ての子ども・子育てに関わる人達とつながっていきたいと考えていた甘さを反省したことを覚えている。また全てを包括するということは実際にはかなり難しく、組織を作った瞬間からそこに入っている内側とそれ以外の外側を作り出してしまうという構造も意識しなければいけない。

具体的なノウハウとして以下の三つをあげたい。①「現在起きている具体的な問題を検討するための課題解決型の場」であれば、その問題に関係する主体を絞り込み、事前に課題の背景や検討すべき問いを明確にした上で議論することが重要になる。②「所属・立場の異なる支援者間での連携をうながすための情報交換の場」であれば、ある程度支援対象が近い属性の人たちを集め、それぞれの悩みや状況を安心して話せることで顔の見える関係を築きやすくなる。③「既存の制度や政策へ働きかける提言を行う場」であれば、関係する支援者はもちろんのこと当事者の参画も重要になる。また提言をする上での背景や根拠を説明できるだけの調査も必要になるかもしれない。

まつどでつながるプロジェクトが行っている地域円卓会議では②を選択している。そのさい、とくに行政の参画を高めるために、団体の自主事業から市との協働事業にチャレンジするなど、徐々にアプローチを変えていった。

(3) 地域円卓会議を実施する中で見えてきたこと

地域円卓会議の概要については第4節で述べたので、ここでは実施する中での工夫をもう少し書き加えたい。地域円卓会議を開催するにあたっては、そもそも参加してほしい人に参加してもらえないという壁があった。とくに当初は民間の取り組みとして始めたので、行政の現場の職員に参加してもらうことのハードルが高かった。個別に話をする分にはそういった場の必要性は理解してもらえるもののの、実際に業務の中で時間を確保してもらうためにはその理由が求められた。また、私たちが思っている以上に、行政の職員が市民や団体に対して「批難されるのではないか？」という不安を抱えていることにも気が付かされた。

以上の点を踏まえ、行政の中で調整をしてもらえる部署に働きかけ、官民の協力で開催する体制を作っていった。また、呼びかけにあたりテーマを絞り込み、参加する側にとって具体的にどのようなことをそこで得られるのかを提示していったことが工夫として挙げられる。

次に、参加をしてもらえるようになったものの、中々本音が出て来ないという難しさが見えてきた。これに対しては「あとで○○と言ったじゃないか」とならないように、その場限りで安心して話ができる場であることをおたがいに確信した上で、支援者も困っていることがある、孤立して行き詰まることもあることを共通の認識となるよう工夫している。この工夫により、自分たちが取り組んでいること、できていることを中心に話していた場が、徐々に取り組みたいけれどできていないこと、一個人としては課題と思っていても構造の中で一歩踏み出せないことを吐き出してもらえる場に変わってきたと感じている。このような変化と共に、少しずつではあるがおたがいの理解が進み、実際に当事者に関わるケースワークの中で紹介をしあったりするといった成果も見られるようになってきた。

⑥ 子育ての孤立を予防・緩和できる地域づくりの実現に向けて

あらゆる場面ですき間に陥ってしまいがちな人を減らすためには、やはり一団体の取り組みだけでは難しい。だからこそ、子育てにおける孤立というテーマを共有する機会を増やすこと、またそれぞれの立場で関わりを持てる人を増やすことが大切だと感じている。このような地域づくりを推進するために取り組んでいきたい課題について最後にまとめたい。

(1) プレーヤーとしての立場と中間支援の両輪を持つことの意味

私たちには元々それぞれの現場があり、目の前の人たちに対して活動してきたという背景がある。そのため、どうしてもプレイヤーとしての肌感覚が優先されがちで、目の前のことに注目し過ぎてしまうことがある。しかし、ここまで述べたように、地域の中で多様な人たちと関わっていく上ではいわゆる中間支援という立場で、少し俯瞰して物事を見ることも大切だということが分かってきた。そういう意味で、まつどでつながるプロジェクトの立ち上げにおいて、複数の団体が主体的に連携して取り組んできたということはバランスを取る上で重要だったのかもしれない。

また、当事者との関わりから見えてくる現場感も同じく大切である。制度や仕組みという視点では置いてきぼりにされてしまう声なき声を常に集めながら、それを代弁する役割を今後も果たしていきたい。

(2) すき間を埋めていく橋渡し・調整の役割と価値の見える化

課題を解決しようと仕組みや活動を増やしていっても、どうしても「すき間」は生まれてしまう。当事者から考えれば支援の対象になりづらかったり、ニーズに合う場がなかったり、そもそも情報として知ることができなかったりする。支援者の立場からも、頼る先がなかったり、課題を抱え込んでしまったりという孤立がある。そのため、このようなすき間にいち早く気が付き、つなげることができる役割が必要になる。

具体的には、明確に困っていることがある訳ではないけれど孤立感があったり、頼ることができる資源が少ない人に対して、つながり続けられる人や場があるとよい（ある意味でおせっかいができる人と言ってもいいかもしれない）。支援者が孤立しないように働きかけるための地域円卓会議のような場づくり、連携を図りやすくするための仕組みづくり、といったことがこれに該当する。

しかしながら、橋渡し・調整によって生まれる価値は客観的には見えづらく、評価されづらいと感じている。今後は、地域の中でもこのような橋渡しができる市民・団体を増やしていく取り組み、橋渡し・調整に対しての資金調達などにもチャレンジしていきたい。

(3) 地域づくりを推進する上での今後の課題と展望

このような橋渡しやマネジメントを推進するためには、やはり母体となる運営体制の基盤を強化することが重要である。そのために今後取り組んでいきたいことを述べる。

① 共通の理念を対話・共有できる運営主体の拡大

どのような取り組みを推進していく上でも、中心となる理念を意思決定する場（人）が必要になってくる。カリスマ的に取りまとめていくリーダーが進めるというやり方もありうるが、複数の主体が時間をかけながらも対話の中で理念を共有し合っていくことが結果的に地域づくりにつながると考えている。まつどでつながるプロジェクトでは、これまで多くの事業をスピード感を持って運営するために、あまりこの部分に力を割くことができなかった。今後は徐々に関係性を広げながら理念の共有を図っていきたい。

②有給での仕事とボランタリーな活動のマネジメント

事業を確実に実行していくためにはやはり有給での関わりを欠かすことはできない。一方で仕事という側面だけでは当事者に寄り添った存在、一歩先を見据えた上で実現していきたい行動を生み出していくことは難しい。そのため、事業に関わるスタッフに対して、一般的な職務上のマネジメントだけではないアプローチが求められる。この点については第3章でこまちぷらすの事例にふんだんに盛り込まれており、まつどでつながるプロジェクトでも多くを学ばせていただいている。

③子ども・養育者にやさしいまち、を実現するために

子どもの権利条約（1989年11月20日、第44回国連総会において採択）に明記された子どもの権利を満たすために積極的に取り組むまちのことを「子どもにやさしいまち」と定義されている。私たちは、子どもはもちろんのこと、子育てと孤立の負の連鎖を止めるためには、養育者にとってもやさしいまちの構築が大切だと考えている。現在松戸市においても、この実現のために組織を超えて取り組んでいくためのネットワークづくりが始まっている。これまでの知見を活かしながら、多様な関係団体と共に「子どもにやさしいまち」づくりを推進していきたい。

おわりに

ここまで千葉県松戸市におけるまつどでつながるプロジェクトの取り組みを中心に、地域における連携を広げていくためのチャレンジについて書いてきた。今後は過去に例をみない少子化を背景に、子育て支援に対する動きも全国で加速していくであろう。その中で、多様な主体の協働や市民参加がより広がることを願っている。何よりも当事者・現場の支援者が置き去りにされない仕組みづくりを実現してほしい。

まだまだ私たちの活動自体が始まったばかりであり、抽象的な表現が多くなってしまっていることを陳謝すると共に、日本における子育てを取り巻く環境を楽観視できない現状に対して、地域づくりやネットワークづくりに取り組もうとされている方にとって何かしらのヒントになれば幸いである。

終章

子育てにかんして思ういくつかのこと

1 本書を閉じるに当たって

本書は「専門的な応用可能性をもちつつも、研究者以外が読んでも共感できるような書籍」を目指してきた。この目的を達成するために、子育てパートでは事例を中心とした記述を心がけ、支援者パートでは実際に支援に携わっている方々から問題点も含め、率直な想いを綴ってもらった。

本書の最後の章では、各章の内容を無理矢理まとめ、学術的な結論を導くということはしない。各章でそれぞれに主張すべきところはできているはずである。そこで、この章では、ここまで書けなかったことを補論的にまとめつつ、子育てについて改めて考えたい。

執筆のさいには研究者としての立場を離れた記述を心がける。身を軽くして率直な意見を綴るほうが、かえって気づきを得られることもある。このような執筆スタンスをとるゆえ、本章には私の考えが色濃く反映されている。なお、本章は執筆者（石田）の考えをもとにした記述であり、共著者の考えと必ずしも一致しないことをお断りしておく。

2 その後の育児のはなし

(1) いったい、いつラクになるんだろう？

つい先日、妻と「子育てって、いったい、いつラクになるんだろうね？」と話していた。我が家の子どもは7歳と5歳だ。本書が出る頃には8歳と6歳になっているだろう。1、2歳の子どもを育てていて、「あと、1、2年もすればラクになるはずだ」などと考えて子育てに励んでいる家庭も多いのではないか。うちもそのひとつだった。

本書の事例は、0歳児の母親への聞き取り調査の結果をもとにしている。しかしながら、その後も子育ては当然のように続いてゆく。そして、先ほど書いたように、0歳を過ぎたからといって子育てが決して「ラクになる」わけではない。そこで、まず、その後の子育てについて、簡単に話していきたい。

(2)「手のかかる」質の変化

乳児の頃の子育ても確かに大変ではあった。その大変さは、子育て経験・知識の圧倒的な不足と、生命として圧倒的に弱い新生児をケアすることの不安による。父母ともども不安を抱えるなか、正解を探るように、懸命に子育てをしていた。

寝返りすらできない子どもも徐々に体力をつけ、10ヶ月もすると多くがハイハイをできるようになる。子どもの活動量の増加は、喜びとともに新たな手間を我が家に運んできた。子どもがそれほど動かない時期は、子どもが起きていても、目の届く範囲であればあるていど放置して、自分のこともできた。昼寝をする時間もそれなりに多い。

しかし、子どもが動き出すとそうはいかない。親にとってのゴールデンタイムである昼寝の時間は減るし、動くことによる事故や器物破損のリスクも拡大する。子どもの活動量が増すと、子どもへのケアの質は明らかに変わり、手のかかり方も変わってくる。家には転倒防止の家具やゲートが並べられ、コンセントはふさがれた。

それでもこの頃は、健康にさえ育ってくれれば、そこまで「手がかかって大変」ということはなかったように思う。精神的につらいというより、物理的、身体的に大変という感じだ。年をとってからの初子だったので、肩や腰が痛くなった。

(3)「なかなかだよ」という言葉

子どもが言葉を理解でき話せるようになると、あるていど意思の疎通ができるようになる。意思の疎通さえできるようになれば、いろいろと手間や負担も減ってゆくのではないか。われわれは当初そんな期待を抱いていた。しかし、それは甘い考えだったと後々思い知らされる。

「○○ちゃん（↑うちの第一子の名前）は**なかなか**だよ」

この言葉は、他の家の親が我が子を形容するさいによく耳にした。他の家の子どもを、その親の前で形容するさいに、否定的な言葉を用いる人はほとんどいない。「えらいね」「すごいね」「かわいいね」「元気だね」「いい子だね」「静かだね」などが定番だろう。

ところがうちの子は「なかなかだよ」と言われてしまう。それも1回、2回ではなく、何回か複数の方々から言われている。とはいえ、私たちも、娘と接する人が「なかなかだ」という理由はわかる。そう、うちの娘は「なかなか」なのだ。

やりたいことがあったら、とにかく他のことは考えずに突っ走る。目を離した瞬間に奇想天外なことをする。他の人に何かを譲るという気持ちはさらさら持ち合わせない。そんな娘を形容するには「なかなか」が最適なのだ。

「なかなか」の後に続くのが「すごい」なのか「大変」なのかはわからない。とにかく「なかなか」と言っておいて、人と違うことに感心する、というのが我が娘と接する他者の流儀なのであった。

⑷ 真の試練の始まり――イヤイヤ期――

こんな感じだからこそ、イヤイヤ期の反応にはすさまじいものがあった。イヤイヤ期とは、子どもの自己主張が激しくなり、さまざまな働きかけを「イヤ」と拒絶するようになる時期である。一般的に1歳半から3歳くらいまで続くと言われている。長女のイヤイヤ期の始まりは、我が家の試練の始まりでもあった。

娘の反応について同じ年の子どもの親や、幼稚園の同じクラスの子どもの親と話してもなかなか共感されることはなかった。食べ物、行く場所、遊び方、なんでも気に入らないことがあると、徹底的に拒絶して全身全霊で反対の意を表明する。新生児の長男の面倒を見ながら、毎日、何回も格闘のような時間を繰り返す。おそらく、人生で怒った回数の総量を、イヤイヤ期の1年分でゆうに超えてしまっただろう。

なんとか対策と共感を得ようと情報を探すが、世のなかには「叱らない子育て」があふれている。「イヤイヤ期は子どもの発達に重要な反応なので、叱らずにゆっくりと説明しましょう」「複数の選択肢を与えて子どもも納得できるようにしましょう」などと手引きには書いてある。

そんなことはもうとっくにやっている。穏やかにゆっくり説明したり、複数の選択肢を提示したりすることで子どもが納得するくらいなら、そこまで苦労していない。時間をかけて説明しようとも、複数の選択肢を提示しようとも、そんなことは意に介さず壊れたおもちゃのように泣き叫び続ける。そんな娘を前に、私たちの心も徐々にむしばまれていった。

かといって支援のあてはなく、我が家ではただ、嵐が過ぎ去るのを待ち続けていた。新生児については手厚い支援があるが、イヤイヤ期については、もう少し支援があってもよいと思う。おそらく、個人差が大きいので、支援のあり方も難しいのだろう。同じような苦労をしている人もいるはずだ。少しは落ち着いてきた娘は、7歳になっても相変わらず癇癪を起こしている。

(5) 叱らない子育ての功罪

世のなかに蔓延する「叱らない子育て」推しの風潮も、私たちにとって重荷になった。ネットの記事や育児関連の書籍には「叱らない子育て」のススメがあふれている。多くの親は、そんなことは分かっていると思う。そもそも、子どもを叱りたいと思って叱っている人などほとんどいない。

子どもを叱っていて感じたのは、「叱る」という行為はとにかくエネルギーを要する、ということだ。子どもを叱った後には、なんとなくこちらの気分も沈む。しかし、実際に子どもと接していると、叱らなければどうにもならないこともある。このまま叱らずにいたらこの子はその後どうなってしまうのだろう、などと考えるのだ。

一方で、育児書を見ていると、叱ることは基本的にはタブー視されている。著名なスポーツ選手の親へのインタビュー記事を見ても、「とにかく強制はしなかった」「叱らなかった」と書いてある。とはいえ、そんな子育ては多くの家庭では不可能だろう。少なくともうちでは難しかった。

メディアに登場する著名な人びとは、叱られないでも継続できるようなものに出会った、あるいは、周りから何も言われなくとも、進んでやるべきことをやる才能をもっていたからこそ、そのジャンルで一流になれたのだろう。幼少期に、周りからけしかけられなくても進んで練習をしたり、学んだりできる人は、ごく少数のはずである。

にもかかわらず、叱らないことを強調されすぎると、子どもを叱っている自分自身に対してダメ出しをして、ますます気分が沈んでしまう。もっとよい言い方があったのではないか、叱らずに済ませる方法もあったのではないか、ここで叱ってよかったのか。考えることは尽きない。

結局、叱っている自分を正しいことをしていると認識しつつ、子どもに理解してもらえるよう愛情を注ぐしかないのだと思う。とはいえ、そんなことを書くと「これは虐待する人の典型的な考え方だ」などと言われ、またへこんでしまう。こういったことを率直に話せる機会があれば助かった。

⑹ 手間が減らないそのほかの理由

子どもが幼稚園、保育園に行ってもそこまで手間が減ったようには思わなかった。そこにもいくつかの要因がある。

第一に子どもの体調不良があげられる。子どもが風邪を引きやすいかどうかで、親の手間はかなり違ってくる。風邪で休んだことがないほど元気、というだけで親の負担はかなり少なくなるはずだ。

うちの子は二人ともとにかく風邪を引きやすく、毎月のように病院に通っていた。子どもが風邪を引けば、その都度、幼稚園を休むことになるし、病院への付き添いも生じる。上（下）の子が風邪を引けば下（上）の子にうつるというのも定番だ。視力が悪いから定期的に眼科へ行ったり、歯の点検で病院に行ったりと、病院への付き添い、送り迎えの手間は意外なほど多かった。

第二に習い事である。子どもが少し大きくなれば、習い事を始める家もある。当然ながら一人で通うことはできないので、付き添いが必要になる。きょうだいで習い事が増えるほど、親の拘束時間は増えていくという寸法だ。習い事をしていなくても、長時間保育や学童保育を使わなければ、それなりに時間はとられる。

子どもの教育は人それぞれとはいえ、家庭に課された役割は軽くない。子どもの可能性を伸ばそうと、我が子を習い事に通わせる親は多いだろう。習い事への付き添いを「熱心さ」のひとつと捉えるならば、子育てに「熱心」であろうとするほど習い事は増え、付き添い時間も増えていく。

最後に、イヤイヤ期が終わった後の叱る回数なのだが、こちらも劇的に減るということはなかった。幼稚園、小学校と子どもが大きくなってくると、時間どおりに何かをやる、事前に準備をする、後片付けをする、ということを求められるようになる。しかし、決定的にそういったことが苦手な子どももいる。そうなると結局、最後には叱ることになる。

くわえて、子どもが大きくなると、きょうだいがいる場合には、ケンカという新しい事案が入ってくる。一日に複数回のケンカはざらであり、放っておくとケガや器物破損を引き起こしかねないことも多い。そうなると、結局、介入せざるを得なくなる。かくして、新生児の時期を過ぎても子育ての手間が劇的に減るということはなかったし、当分減ることもなさそうだ。以上が私の実体験から得た

「ふつう」の家庭の子育て像である。

(7) 子育て支援のあり方

では、こうした事態に支援の手を施すとすれば、どのようなものが考えられるだろうか。金銭的な支援については、もちろん、あって困るという家庭はほとんどないだろう。預かりについても働きたい人にとっては必要な支援と言えよう。しかし、それ以外の支援となるとなかなか難しい。

結局、割り切って仕事・その他の活動をするか、子どもと関わるか選ぶしかあるまい。しかし、どちらを選んでも、結局、もやもやした思いは残ってしまう。前者を選べば子ども、家族に申し訳ない思いがするし、後者を選べば子育ての疲労が蓄積すると同時に、自分自身が社会から取り残されるような不安感にもさいなまれる。私自身は、このような葛藤のなかで進むのが子育てなのだと考えている。

不安や不満を感じるなかで救いになるのが、共感してくれる誰かの存在だ。そうした人がいるだけで、自身の歩む道もずいぶんと明るくなる。同じように不安を感じている、同じように葛藤している人がいると認識できるだけでも心の重さはかなり違う。支援としてシステム化するのは難しいかもしれないが、そうした感覚を見出せる場を少しでも増やすことが大事だろう。

3 少子化についての私の意見

(1) 改善されないであろう現状

その後の子育てについてはここまでにして、最終章ではもうひとつ議論をしたい。取り上げるテーマは少子化である。

序章でも触れたように、日本社会で生まれる子どもの数は減り続け、毎年のように「過去最低」を記録している。[※1] このような事態を憂慮し、岸田首相は2023年に「異次元の少子化対策」を行うと息巻いていた。首相の述べる「異次元」にどのような意味があるのかははっきりしないものの、政府が少子化をかなり問題視していることは間違いあるまい。

私のゼミでは2015年頃から少子（高齢）化を議論のテーマとして取り上げてきた。授業を受ける若い学生たちが、今後、長い年月にわたり影響を受けるであろう注目すべき事象だと考えたからだ。授業では出産、移民、地方再生、高齢者介護などさまざまな視点から少子（高齢）化について検討している。1年の授業の終わりには、「少子化の問題は、おそらく現在の政策を続けていても改善されない」という言葉で締めくくるのが通例であった。その理由について説明しつつ、なぜ日本社会で子どもが増えないのか考えてみたい。

(2) 祖母の話

少子化の原因はもちろんさまざまであろう。経済成長が停滞し雇用が劣化したこと、出産の年齢を迎えた母親（候補）が少なくなったこと、女性の社会進出、育児環境の悪さ、地域のつながりの衰退、若者の恋愛離れなどなど。これらはさまざまな場で議論されている。そこで本節では、少し違った観点からこの現象をとらえてみたい。

私の母親および祖母の話をしよう。私の母は１９４１年に生まれた。１９４１年というと真珠湾攻撃のあった年として多くの人に記憶されている。真珠湾攻撃のあった12月より前にヨーロッパはすでに戦争状態にあり、日本でも１９３７年から日中戦争が開始されている。つまり、私の祖母は戦争のさなかに子どもを産んでいたのである。

現在の社会状況と比較して振り返って、「このような状況でよく子どもを産む気になったものだ」と感心していた。しかも、祖母はその2年後に第二子も出産している。太平洋戦争のまっただなかに、さらに子どもを産んだのである。

このように不安定な社会状況下で、子どもを産む人はどのくらいいたのだろうと思い、人口動態統計から当時の出生数を調べてみた。その結果は驚くべきものであった。私の母が生まれた１９４１年には２２７万７２８３人、叔父が生まれた１９４３年には２２５万３５３５人もの出生数があったのである。この数値は第二次ベビーブームのピークである１９７３年の２０９万１９８３人よりも多い。

なぜ、こうも出生数が多かったのか。このあたりのことを念頭におきつつ、近年の少子化について考えてみよう。

(3) 国策としての子どもの増加と「計画」前の家族

1940年代の、戦時体制の日本を彩る家族政策としてあげられるのが、俗に言う「産めよ殖やせよ」の家族計画運動である。このスローガンは、1939年に日本帝国政府・厚生省予防局民族衛生研究会から発表された。背後には国防体制の確立や労働力の確保という思惑があった。このスローガンのもと、近衛内閣は1941年1月に人口増強をうながす閣議決定をする。祖母の出産の頃には、このような時代背景があった。

もうひとつ重要なのは、いわゆる近代的な「家族計画」の不足である。戦後すぐの時期まで、日本は多産多死の社会であった。子どもを労働力と見なし、出産していた家族も多い。一人の母親が産む子どもの数が減少したのは、戦後に入ってからのことなのである。その理由として、人工妊娠中絶の適用範囲の拡大と、避妊指導の浸透があげられる。

1950年代に合計特殊出生率が減少した背景としては、戦後の優生保護法の制定および改正によって、人工妊娠中絶の適用範囲が拡大され、手続きが簡素化されたことが大きい（豊田・嶋崎 2022）。いわゆる「望まない妊娠」をした人が子どもを産まない選択をする道が拓かれたのである。

とはいえ、人工妊娠中絶の負担は大きい。そこで国立公衆衛生院が中心となって、中絶から避妊に転換する道筋をつくり、家族計画が推奨されるようになった。裏返すと、こうした手続きや指導が不足していた戦中、戦前までは「貧乏人の子だくさん」という状況も珍しくはなかったのである。

(4) 教育する家族へ

戦後に避妊指導が行われるようになり、また、家族のあり方が農山漁村に見られる大家族中心から、都市部の勤労者世帯に典型的な核家族中心になると、子どもの人数は減り、子どもとの接し方も明確に変わってくる。

親の後を継ぐという硬直型のルートから、なるべく良い学校に入れて、なるべくよい会社に就職するというキャリア上昇・構築型のルートが重視されるようになる。より上のルートへの進出を願って、親たちは少ない子どもに少なからぬ投資をし、教育をするよう心がける。子どもを産む人数を限定し、それらの人に手をかけるというのが家族の「標準」になったのである。

とはいえ当時は「子どもを産まない」という選択肢はなかった。結婚し、子どもをもって「一人前」という空気が、世のなかにはあふれていたのである。それゆえ高度経済成長期から1980年代半ばあたりまでは、日本社会に住むほぼすべての人が結婚し、子どもを育てる生活を送っていた。生涯未婚率（50歳時未婚率）は男女とも5％未満にとどまり、合計特殊出生率は丙午の年を除けば1・75～2・23の間で安定していた。[※2]

しかし、父親と母親で子どもに対して責任をもち、しっかり育てるという緊張は大きく、教育する家族が一般化した時期から子育て不安を表明する母親は増えていった。親の不安と裏腹に、子どもを計画的にしっかり育てるという要請はその後も変わらない。塾通いの早期化傾向を見ると、現代社会の親の教育に対する期待はむしろ強まっていると言えよう。

(5) 不透明化する進路とさらなる準備の必要性

1980年代の終わりに入ると、バブルの好景気を尻目に、日本社会に少子化の傾向が現れ始める。バブルの盛り上がりは、名前の通り数年で泡のように消え、その後の日本は先行き不透明な不確実性の時代に入ってゆく。

これまで「標準」とされてきたライフコースは失われ、数年先は今よりも豊かで幸せになっているという見通しは薄くなった。目の前の不確実性を補うために、人びとはより確実だと思われるコースを早めに選ぶようになる。

不確実性回避の傾向は、子育てにまつわる一連の行為からも読み取れる。子どもの将来を案じ早めに習い事に通わせる、出産する子どもの数を少なくする、そもそも結婚や出産を控える、といった行為はその典型だ。自身の人生すら確実かどうかもわからないのに、子どもにまで手が回らないという気持ちは理解できる。

(6) 祖母の時代との違い

とはいえ腑に落ちない点もある。(2)でも振り返ったように、私の祖母の時代には戦争という究極的に不安定な状況下でも、子どもを産む人は多かった。なるほど、その頃は国策的に出産が奨励されていたかもしれない。しかし、その点については今も変わらない。

1989年の1・57ショックを受けて、日本社会は長い間少子化対策に取り組んできた。国が政策として出産を望む施策は、「産めよ殖やせよ」政策の再来と見なされることも多い。にもかかわらず、日本社会の出生数はまったく増えてこない。それどころか「産めよ殖やせよ」政策の頃の3分の1くらいまで落ち込んでいる。

当時と違うこととして、家族計画が浸透し、1組の夫婦が出産する子ども数が減ったことがあげられよう。しかし、だからといって、出生数がここまで減ることはあるまい。いくら家族計画が浸透しても、出生率はすくなくとも、1980年代前半の水準でとどまるはずだ。

経済状態についても疑問点はある。少子化の原因としてたびたび指摘されるのが経済状況の悪化だ。家計が厳しくて子どもをもつ状況ではないという理屈である。しかし、日本社会が本格的に少子化に向かいだしたのは、バブルの絶頂期である。経済状況に着目するならば、この時期に出生率が減少しだした理由を説明できない。くわえて出生数の多かった戦時中、戦後すぐの経済状態はもっと悪かったはずだ。

以上の点に鑑みると、こんにちの少子化の背景には、それ以外にも重要な要素が隠れていると考えられる。その原因として私は個人化とリスク化を指摘したい。

(7) 個人化のインパクト

1990年代に入り、日本社会は本格的に個人化の時代を迎える。個人化とは、社会のさまざまな単位が個人を中心に構成される現象である。個人化した社会では、さまざまなものは個人で所有され、個々人の考えが尊重されるようになる。

個人化が進むためには、個々人が一人でいられるだけの物的豊かさと、個々人の選択や決定を許容する思想的な土壌が求められる。両者が合わさることにより、私たちの社会には無理して人とつながらなくてもよい条件が整った。いくら政府に望まれたとしても、結婚や出産は個人の自由だ。

機能的な面に着目すれば、婚姻には互助の意味合いがある。夫婦・家族の助け合いが私たちの生活を支えてきたのである。しかし、結婚しなくても十分生活できるようになると、結婚の誘因は少なからず削がれてしまう。くわえて、個々人の選択と決定を許容する思想的な土壌があると、外から結婚を強要されることもない。その点が、「産めよ殖やせよ」政策の時代と今日の少子化対策の時代では決定的に異なる。

結婚や出産をしたい人だけがする「嗜好品」のように捉えるようになれば、結婚および出産をする人が減るのは当然である。今や、結婚や出産という行為は、それを行うに足る魅力がなければ選ばれないのだ。かくして、結婚・出産に至る人はずるずる少なくなっていく。

そうはいっても、国が実施する社会調査では、まだ、多くの人が結婚するつもりと答えているではないか、という反論もあるかもしれない。実際、国立社会保障・人口問題研究所が実施した『出生動向基本調査』では、18～34歳の未婚者は、2021年においても「自分の一生をつうじて考えた場合、あなたの結婚に対するお考えは、次のうちどちらですか」と聞かれたさいに、8割以上が「いずれ結婚するつもり」と答えている。

とはいえ、この結果については、質問方法によるバイアスを考慮した方がよい。国立社会保障・人口問題研究所の調査では、「自分の一生をつうじて考えた場合、あなたの結婚に対するお考えは、次のうちどちらですか。」という質問に「いずれ結婚するつもり」「一生結婚するつもりはない」から選択する方式で回答を得ている。ここで「一生結婚するつもりはない」と答える人は、相当ていど、結婚への意識が低い人だと言えよう。つまり、国立社会保障・人口問題研究所の調査は、「いずれ結婚するつもり」と「一生結婚するつもりはない」の選択肢のバランスが悪く、「一生結婚するつもりはない」を選びにくい設計になっているのだ。

この選択肢を「必ず結婚するつもり」「機会があれば結婚するつもり」「一生結婚するつもりはない」にすれば、多くの人は真ん中の選択肢を選ぶだろう。少子化対策を真剣に考えるのであれば、「機会があれば結婚するつもり」の人がなぜ結婚しないのか考えなければならないのである。

(8)「産まない」という選択へ

社会が個人化すると、人びとは人生にまつわるさまざまな物事を自身で決定し、それに対する責任をもたなければならなくなる。こうした社会では、誰もが失敗につながる決定をしたくはないから、選択肢の利点・欠点を厳しく吟味し、リスクを管理するようになる。

個人化する前にも、人びとは合理的に物事を考える性質をもっていただろう。しかしながら、今ほどさまざまなことが選択できたわけではない。人びとは目の前の現実を甘んじて受け入れるか、あるいは、行為の理由そのものを考えることもしなかった。そのようにするしかない状況では、人びとは物事をあまり深く考えないものだ。誰もが哲学者なわけではない。

人生のさまざまな出来事が選択と決定をつうじてなされるようになれば、当然ながら人びとはある行為に踏み出す前に、将来の状況を勘案しつつさまざまな選択肢を精査するようになる。結婚や出産についても例外ではない。こうしたなか、「機会があれば結婚するつもり」の人はどのくらい実際に結婚をし、その後、子どもをもつだろうか。

おそらく、少なくない人が、結婚や出産という選択をせず、その後の人生を歩むようになるだろう。というのも、結婚・出産に踏み出すためには、さまざまなリスクを吟味し、「うまくいく」という確信が得られなければ、そうした決断をしない、という人が必ず一定数は出てくるからだ。

しかし、結婚生活や子育てが「うまくいく」保証などどこにもない。むしろ、第1章で振り返ったように、「ふつう」の家庭の子育ては綱渡りで成り立っている。パートナーとずっといい関係を保てる保証も、子どもが「いい子」に育つ保証も、仕事との折り合いがうまくいく保証もどこにもない。結局のところ、結婚や子育てをするにはどこかで覚悟を決めて見切り発車するしかない。

これが仕事であれば、現代日本を生きる人びとは、仕事をしなければ生きていくのはほぼ不可能なため、うまくいく確証があろうとなかろうと、どこかで仕事に踏み出すだろう。しかし、結婚と子育ては、今やしなくても生きていける嗜好品になってしまった。このようななかで結婚・出産する人が減るのは何ら不思議ではない。

個人化した社会では、子育てするリスクを極限まで低減し、子育ての魅力を極限まで高めなければ、結婚・出産という行為は選ばれなくなってしまう。投資を促しても多くの人が貯蓄に回してしまうほどにリスクをとる行為を嫌う日本人が出産を控えるのは、当然なのである。

(9) メリット・デメリットを脱して

では、どうすればよいのだろうか。これまで以上に就労・保育支援を手厚くし、手当を増やせば、出生数は増え、少子化は解消されるのか。私はそうは思わない。相当ていどに予算をてこ入れすれば、一定の回復は見込めるだろうが、人口維持に必要な水準とされる出生率2・07に戻すのは難しいだろう。その理由は以下の通りだ。

現在の子育て支援施策は、基本的には、子育てにより生じるリスクやデメリットを軽減し、メリットを高める方向で検討されている。直接的にメリットを感じやすい現金給付、「負担」というデメリットの軽減を図る子育て支援はその典型である。

しかし、子育てをメリット・デメリットで捉える図式を維持している限り、子育てにメリットを感じない人が出産しないという流れは変わるまい。子育てをリスクやメリット・デメリットで捉える政策は、むしろ、人びとのコスト意識やリスク意識を涵養し、出産からより遠のかせる可能性もある。

私自身は、出産・子育てを個々人の選択に委ねている限り、少子化は解消されないと考えている。リスクを回避し横並びを好む日本人の気質を勘案すると、少子化を解消するためにはリスクと無関係に出産をするよう横並びの圧力を強める方策が最も効果的だろう。

とはいえ、そのような方策は多様性・人権を重んじる日本社会で取り得ないことも理解している。少子化を「問題」と捉えるさいには、少子化は本当に解消すべきか否かという議論も必要である。その点はおいておくとして、せめて、出産や子育てをメリット・デメリットの枠組みで検討するのをやめる、あるいは、緩和することは必要ではないだろうか。最後にこの点について検討しよう。

子育てや家族づきあいは、そもそも、嫌になったからやめられるというものではない。嫌なことがあっても続いていくのが子育てであり、家族づきあいというものだ。このように書くと息苦しさを感じる人もいるかもしれない。しかし、元来、家族とはそういうものだ。だからこそ、子育てはメリット・デメリットではなく、「愛情」という規範で包まれていなければならない。メリットがあるから続ける、デメリットがあるからやめるでは困るのである。

このように書くと、それは「愛情イデオロギーによる育児労働の搾取だ」「愛情を発揮できない親を追い込む言説だ」といった批判や、「そもそも家族を脱したい人はどうすればよいのか」といった疑問が聞こえてきそうだ。たしかに、育児にあたって「幸せ」や「愛情」を前面に出しすぎると、それが息苦しさを生み出すこともある。その点は本書でも触れた。

かといって、子育てと「愛情」を結びつける考え方をイデオロギーとして全面的に批判する姿勢も行き過ぎている。子育て自体が選択肢のひとつとなり、さまざまなサービスが出てきたからこそ、メリット・デメリットに囚われることなく、愛情を持って子どもに接することが必要なのである。そもそも、嫌なことが一切起きない子育てなど存在しない。

そのさい心に留め置くべきなのは、愛情というのは非常にはかない感情であり、愛情を発揮するというのは、非常に高度なコミュニケーション技術を要する、ということだ。人は子どもに対してのみならず、誰に対してでも、四六時中、愛情を注ぎ続けることはできない。愛情に対する見返りがないときには不満や不安を感じることもある。それが当然であり、それでも子育て・家族づきあいは続いてゆく。

そこで大事なのは、「愛情」を息苦しい規範として否定するのではなく、愛せないこともあることを認めつつ、それでも愛情をもって前に踏み出すことだ。本書で紹介した居場所やつながりはそのためにある。ともに悩み苦しんできたどうしは、子育て当事者に非常に心強い存在になるだろう。社会にはそういったつながりが必要だ。

「結婚や出産、子育てにはメリットがないからやらない」「現代社会は、子育ての負担、リスクが大きすぎるから出産をしない」という社会ではあまりにも寂しすぎる。やはり、出産や子育ては、メリット・デメリットではなく、幸せや愛情に彩られていて欲しい。子育てという未知の世界に足を踏み出し、迷い悩みつつも愛情を注ぎ幸せを得る。そんな人たちがあふれることを願ってやまない。

文献
豊田真穂・嶋﨑尚子(2022)「「尚道遠し」——1950年代常磐炭礦における受胎調節指導とその成果」『WASEDA RILAS JOURNAL』10:95-107。

※1 あくまで記録をとりだしてからのことである。
※2 1981年は1・74になっている。

あとがき

研究のキャリアをスタートさせた頃、子育てに関する書籍どころか論文を執筆するとも思いもしなかった。家族や子育てについては女性、しかも、ジェンダーの視点からの研究が多く、僕が関われることはあまりないと考えていたのだ。こんなことを書くと、それ自体がジェンダー的な発想だ、と叱られそうだ。

今回の企画を書籍にしようと思った最大の原動力は、間違いなく、私自身が親になったことにある。「親になる」というのは、それだけ、大きな転換を伴うということだ。それはそうだろう。親になって、あらゆるものとの接点、立ち位置が変わった。

そこで感じた物事を、研究者としての視点も交えつつ読み解き、多くの人と分かち合いたいというのが、本書を執筆した動機である。そういった意味で、私自身の内側の声を、いちばん率直に書いた書籍と言えよう。

ぼく自身の子育てのことや、子育てにまつわる考え方については、本文のなかでいろいろと書いたので、あとがきでは研究者としてのキャリアのことを少し書いておこう。

博士論文をもとにした書籍を出版したさいに、あとがきで「研究者としての第一部の総仕上げ」と書いた。２００９年11月のことだ。いま振り返ると、この時期は「第一部」というよりも、研究者の「前期」だったように思う。１９９９年４月に大学院に入学したので、10年と7ヶ月くらいの時期だ。

それを踏まえて今回の書籍を位置づけると、本書の出版は、研究者としての中期の仕上げだと感じる。２００９年11月から２０２３年12月まで、約14年くらい。この間、ぼくの研究環境は様変わりした。

たまたま孤立研究をしていたため、孤立死に注目が集まって以降、外からの仕事が急速に増えた。その後、地域、友人、子育てと研究の領域を急速に広げたため、引き合いはさらに増えた。新聞、テレビ、ラジオ、ネットなど各種メディアへの対応、政府の諮問機関の委員、そのほか委員、一般書・子ども向け書の執筆、各種講演と、本当にいろいろな仕事をした。

とはいえ、英語が苦手、というかまったく好きではないので、外国語関連の仕事はほとんど引き受けなかった。その点を除くと、研究者になれば、もしかしたら携わるであろうという仕事はほぼ経験した。研究者としての中期は、「研究者」という武器を片手に、さまざまな場を冒険し、歩いた時期だった。

本書が出版される頃、ぼくは50歳になる。研究者としても、人生としても「後期」に入る。研究者中期の後半あたりから体力は着実に衰え始めた。老眼が始まったし、インプットの力も確実に衰えた。今までは、専門書を2時間くらい読むのはわけなかったのだが、今ではすぐに、集中力が途切れてしまう。執筆や分析などのアウトプットについては、そこまで、続けられないわけではないので、使っている脳が違うのだろう。

早稲田大学の定年は70歳なので、おそらく、50代が「後期」、60代が「晩期」になる。残された時間と体力を考えると、研究に本当に力を入れられるのも、この10年くらい、つまり「後期」の間だと考えている。とはいえ、その間も体力は落ちてゆくので、今までのように全方位的に仕事をするのも難しくなるはずだ。

この中期の間にさまざまな場を冒険した。後期には、その体験を活かし、冒険に赴く場所を限定しようと思う。これからの10年にどのような景色が現れるか楽しみにしたい。

本書の執筆に当たっては、多くの方々にお世話になった。まずは、子育てでお忙しいなか、調査にご協力くださった皆様に御礼申し上げたい。本当にありがとうございました。皆様の思いを少しでもくみ取ることができ、それを子育てしている方々と共有しつつ、子育て当事者の心の負担を少しでも軽くできれば幸いだ。

本書、第3章をご担当くださったNPO法人こまちぷらす代表の森祐美子さん、第4章をご担当くださったまつどでつながるプロジェクト運営協議会の阿部剛さんには、実務でお忙しいなか、執筆の労を執っていただいた。本書の内容に奥行きが出たのならば、それはお二人のご尽力による。記して御礼申し上げたい。また、ご執筆の過程での失礼を改めてお詫び申し上げる。

出版のさいには、企画段階では晃洋書房の吉永恵利加さんに、出版までは坂野美鈴さんに大変お世話になった。研究者とは異なった視点からのアドバイスにより、書籍の完成度を高めることができた。

最後に、あとがきの冒頭でも書いたように、本書執筆の最大の原動力は家族である。ふだん父親としてどれくらいのことができているのかはわからない。子育てについて、世のなかに啓蒙する時間があるくらいなら、実際の子育てをもっと手伝って欲しい、という気持ちもあるだろう。多くの幸せをもたらし、ときに葛藤や混乱で刺激をくれる家族にあらためて感謝したい。

幸せな子育てが世にあふれてゆくことを願いながら。

2023年11月

石田光規

著者紹介

（執筆順、＊は編著者）

＊石田光規（いしだ みつのり）［まえがき、序章、第１章、第２章、終章、あとがき］

早稲田大学文学学術院教授

【略歴】

東京都立大学大学院社会科学研究科博士課程単位取得退学、博士（社会学）。大妻女子大学専任講師、准教授、早稲田大学文学学術院准教授を経て2016年より現職。孤立やつながりづくりなど、現代社会の人間関係に焦点をあてて研究をしている。著書として『「友だち」から自由になる』（光文社、2022年）、『「人それぞれ」がさみしい』（筑摩書房、2022年）、『友人の社会史』（晃洋書房、2021年）、『孤立不安社会』（勁草書房、2018年）、『つながりづくりの隘路』（勁草書房、2015年）など多数。2021年11月から内閣官房孤独・孤立対策担当室「孤独・孤立対策の重点計画に関する有識者会議」委員。

森　祐美子（もり ゆみこ）［第３章］

NPO 法人こまちぷらす理事長。元横浜市子ども・子育て会議委員、元横浜市市民協働推進委員、横浜市教育委員。地元商店会の副会長を５期つとめる。

【略歴】

慶應義塾大学卒業、トヨタ自動車株式会社にて海外営業、海外調査に従事。第一子出産直後に感じた育児における孤独感やその後救われた経験から2012年にママ友数人と当団体を立ち上げる。2019年米フィッシュファミリー財団チャンピオン・オブ・チェンジ日本大賞にて入賞。2023年６月ザルツブルググローバルセミナーフェローに選出。

阿部　剛（あべ つよし）［第４章］

まつどでつながるプロジェクト運営協議会マネージャー、NPO 法人まつど NPO 協議会理事、NPO 法人 CR ファクトリー理事、探求型スクール C-Quest 代表、松戸市社会教育委員。

【略歴】

高校３年の時、父親の事故により生活が180度変わる経験をしたことから、生きづらさを抱えて生きる人たちに関心を持ち、学生時代から子どもや若者が社会で自立できる社会づくりの活動に携わる。現在は千葉県松戸市で官設民営の中間支援施設でセンター長を担っている他、自身が代表を務める団体にて民間学童を運営するなど、ローカルな現場と中間支援の立場を往復しながら活動中。

「ふつう」の子育てがしんどい
「子育て」を「孤育て」にしない社会へ

2023年11月20日　初版第1刷発行

編著者　石田光規©
発行者　萩原淳平
印刷者　江戸孝典

発行所　株式会社　晃洋書房
京都市右京区西院北矢掛町7番地
電話　075（312）0788㈹
振替口座　01040-6-32280

印刷・製本　共同印刷工業㈱
ブックデザイン　吉野綾
ISBN 978-4-7710-3783-0